やっとわかった！
「年金＋給与」
の賢いもらい方

太田哲二 ［著］

中央経済社

はじめに

花の色は　移りにけりな　いたづらに
わが身世にふる　ながめせしまに
——小野小町

　何人も容姿が衰えます。何人も高齢になります。それは万人共通の事実です。しかし，人生の成功・失敗は，百人百様です。一般的には，次のようになるのでは，ないでしょうか。

　若い頃に安楽であっても，高齢になって不幸になれば，その人の人生は失敗です。

　若い頃に苦労していても，高齢になって幸福になれば，その人の人生は成功です。

　高齢者の収入の柱は「年金」です。しかし，今後，年金だけで悠々自適の人は減少していきます。これは，事実です。

　「年金充実を！」「生活できる年金を！」と大声で叫んだところで，一時のストレス解消にはなるでしょうが，事実は変わりません。政権転換があろうが，景気が好くなろうが，「年金だけで悠々自適の人は減少していきます」の事実は不変です。

　では，どうするか？

　若い頃から預金や投資をして財産を増やすことです。でも，諸事情で，それができずに高齢になってしまう人が多くいます。

　健康であれば，高齢になっても稼ぐことです。個人自営業，フリーランス

として働くこともありますが，多くの人はどこかの企業の常勤または非常勤で働くことになります。つまり，「年金＋給与」のパターンです。

　では，「年金」をどうもらうか。

　受給資格期間10年未満の場合はどうするか。
　繰上げ・繰下げ受給の損得，保険料が払えない場合どうするか。
　加給年金と特別支給の老齢厚生年金の申請を忘れていないか。
　失業保険との関係は……。
　これらは多くの方にとって断片的には承知していることですが，復習の意味で書きました。

　「年金＋給与」の場合，「給与」をどれだけもらうか。

　一般的に，多ければ多いほうがいいのですが，稼ぎ過ぎると「落とし穴」があるのです。落とし穴にはまらないためには，「どこまで給与をもらうのがいいのか」を正確に把握しなければなりません。でも，「どこまで給与をもらうのがいいのか」に関しては，誰も知らせない，誰も知らない，誰に聞いてもわからない，という状況です。
　給与の額によっては，あるラインを超えると「天国と地獄」の差になります。地獄に陥らないために，「年金＋給与」の場合の「どこまで給与をもらうのがいいのか」をしっかり認識する必要があります。いわゆる「103万円の壁」「106万円の壁」「130万円の壁」については，しばしば議論されますが，それらよりはるかに深刻な「落とし穴」である「年金＋給与」の壁は，なぜか無視され続けています。
　「年金＋給与」の壁は，２つあります。「48万円の壁」と「住民税非課税限度額の壁」です。これを賢く突破してください。

さらに本書では，年金の将来についても記載しました。

　それにしても，なぜ，「年金＋給与」の壁は無視され続けているのでしょうか。「啓蒙力が足りない」「複雑すぎる」ということでしょうが，何もしなければわからないままです。「わからない」は「不信」に連動します。「信なくば立たず」（論語）です。
　全国民の老後に大きく関係するテーマについての中身が，「わからない」そして「不信」では，民主主義そのものが危うくなります。「年金＋給与」は，１人ひとりの損得の問題であると同時に，日本の運命を左右する国民的課題でもあります。

　年金制度は，改正，改正の連続で，今も「改正の現在進行形」の渦中にあります。複雑ですが，考えれば中学の数学レベルの問題です。「年金＋給与」のテーマも，基本的には同様です。「へぇ～」と思われることもあると思いますが，楽しく読んでください。

　2023年11月

著者

目　次

第1章　年金の仕組みを知ろう！
10年未満でもあきらめない，繰上げ・繰下げの損得

**第2章　年金はいくらもらえる？
「年金＋給与」≦48万円の壁を突破する**

得か？損か？
年金生活者支援給付金，失業保険等と年金

第4章　知らないと損！ 最強の家計防衛は「住民税非課税」の優遇措置

第 **5** 章 「年金＋給与」で住民税非課税限度額の壁を突破する

第6章 年金の疑問

第 **1** 章

年金の仕組みを知ろう！

10年未満でもあきらめない,

繰上げ・繰下げ受給の損得

1 複雑怪奇な年金制度を 思い切って単純化した

（1） 公的年金は2階建て

　年金制度は，複雑怪奇です。複雑・不公正・乱立を解消するため，そして持続可能な年金のための改正努力が継続されています。しかしながら，年金の複雑性は，普通人には理解不能なレベルです。

　とにもかくにも，年金制度は，改正，改正，また改正で，いわば「改正の現在進行形」の渦中にあります。

　とりあえず，複雑な年金制度を鳥瞰的に眺めるため，『厚生労働白書』の令和4年（2022年）版に掲載されている「年金制度の体系」の図表を掲載しました（**図表1-1**）。この図表を説明するだけでも，相当の手間暇を要します。したがって，思い切って単純化したのが，**図表1-2**の「単純化した年金の仕組み」です。

　簡単に言って，図表1-1では，「3階建て」です。1～2階部分が「公的年金」で，3階部分は「私的年金」です。したがって，「3階部分」を割愛して単純化したものが，図表1-2です。

　3階部分について，一言。

　3階部分の「私的年金」は，強制ではなく，加入の有無は個人・企業の任意です。「私的年金」ですが，公的な税制優遇措置をともなっています。ただし，公的な税制優遇措置の中身は，種類によってバラバラです。

　それから，3階部分に，民間保険会社の個人年金保険，財形年金，企業独自の企業年金なども記入してもよいと思うのですが，記入されていません。たぶん，3階部分が複雑になりすぎるので，記入しないのでしょう。

　なお，3階部分の「iDeCo」に関しては，新しい制度であり関心も大きい

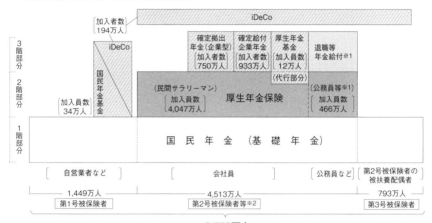

図表 1 - 1 年金の体系（令和4年版『厚生労働白書』）

○現役世代は全て国民年金の被保険者となり，高齢期となれば，基礎年金の給付を受ける。（1階部分）
○民間サラリーマンや公務員等は，これに加え，厚生年金保険に加入し，基礎年金の上乗せとして報酬比例年金の給付を受ける。（2階部分）
○また，希望する者は，iDeCo（個人型確定拠出年金）等の私的年金に任意で加入し，さらに上乗せの給付を受けることができる。（3階部分）

（数値は令和3年3月末時点）※斜線部は任意加入

※1 被用者年金制度の一元化に伴い，平成27年10月1日から公務員および私学教職員も厚生年金に加入。また，共済年金の職域加算部分は廃止され，新たに退職等年金給付が創設。ただし，平成27年9月30日までの共済年金に加入していた期間分については，平成27年10月以後においても，加入期間に応じた職域加算部分を支給。

※2 第2号被保険者等とは，厚生年金被保険者のことをいう（第2号被保険者のほか，65歳以上で老齢，または，退職を支給事由とする年金給付の受給権を有する者を含む）。

出所：厚生労働省『令和4年度版厚生労働白書』

ものがあります。なにやら，老後資金を貯えるための「切り札」のようにPRされています。

　年金の基本中の基本で，次のことは，絶対に暗記してください。
①公的年金制度は，2階建て
②1階の国民年金（老齢基礎年金）は，全国民が対象
③2階の厚生年金（老齢厚生年金）は，厚生年金加入者だけ
　年金関係の文章を読んだり，会話をしていると，「1階の話」なのか「2

階の話」なのか「1階＋2階の話」なのか，よくわからない話に頻繁に遭遇します。たえず意識する必要があります。

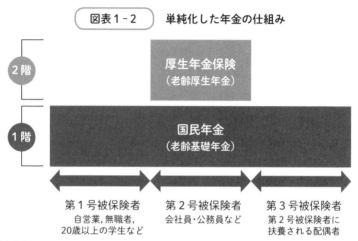

図表1-2　単純化した年金の仕組み

2階　厚生年金保険（老齢厚生年金）

1階　国民年金（老齢基礎年金）

第1号被保険者
自営業，無職者，
20歳以上の学生など

第2号被保険者
会社員・公務員など

第3号被保険者
第2号被保険者に
扶養される配偶者

出所：著者作成

（2）　老齢年金の受給要件

　公的年金に加入していますと，一定の要件に達すると，「老齢年金」「障害年金」「遺族年金」が支給されます。この3つ以外にも，「加給年金」「寡婦年金」などがありますが，それは付録のようなものです。

　年金制度の根幹は，高齢になったら「老齢年金」を受給できるということですが，それだけでは不十分なので，「障害年金」「遺族年金」もあります。本書は，「老齢年金」中心の内容です。「障害年金」「遺族年金」に関しては，第6章の「障害年金と遺族年金」において，エキスのみ記載します。

1）老齢基礎年金の受給要件

　公的年金の1階部分，すなわち「老齢基礎年金」の受給資格は，受給資格期間が10年以上です。以前は25年以上でしたが，平成29年（2017年）8月1

日から10年に短縮されました。

　受給資格期間とは，保険料納付期間と保険料免除期間などを合算した期間です。

２）老齢厚生年金の受給要件

　公的年金の２階部分，すなわち，「老齢厚生年金」の受給要件は，「老齢基礎年金」の受給資格があり，厚生年金の加入期間がある場合，「老齢基礎年金」に上乗せされて支給されます。

　年金の話で注意してほしいことの１つは，「老齢厚生年金」の意味が，「２階部分」だけのケースと「２階部分＋１階部分」のケースとがあり，往々にして混在していることがあることです。くれぐれも注意してください。

（3）　老齢年金の受給開始時期

　老齢年金の受給開始は，老齢基礎年金も老齢厚生年金も同じで，原則65歳からです。

　ただし，60歳から65歳までの間，「繰上げ受給」できます。この場合，年金額は減額されます。

　また，66歳から75歳までの間，「繰下げ受給」できます。この場合，年金額は増額されます。

　なお，昭和27年（1952年）４月１日以前に生まれた人，または，平成29年（2017年）３月31日以前に老齢基礎年金・老齢厚生年金を受給する権利が発生している人は，繰下げの上限年齢が70歳（権利が発生してから５年後）までとなっています。

（4）　老齢年金の年金額

１）老齢基礎年金の満額の数字

　20歳から60歳まで40年間すべての保険料を納めると，満額の老齢基礎年金を受給できます。満額の数字は，毎年，変わります。変わると言っても，大

きく変わるわけではないので，年額約80万円弱，月額 6 万数千円と覚えましょう。

令和 5 年度（2023年度）は，

①67歳以下の人（昭和31年 4 月 2 日以後生まれ）

…795,000円（月額66,250円）

②68歳以上の人（昭和31年 4 月 1 日以前生まれ）

…792,000円（月額66,000円）

なお，老齢年金の受給開始時期のところで触れましたが，「繰上げ受給」で減額，「繰下げ受給」で増額されます。

2 ）老齢厚生年金の年金額

厚生年金に加入していたときの報酬額や加入期間，その他の要件で計算されます。

平均収入で40年間就業した場合の老齢厚生年金（老齢基礎年金を含まない）の金額は，約10万円です。

老齢基礎年金と同じように，「繰上げ受給」で減額，「繰下げ受給」で増額されます。

（5） 国民年金の保険料

1 ）保険料

保険料は毎年変化します。昔は安かった。本当に安かった。ここ数年は，数十円上がったり，下がったり。令和 5 年（2023年） 4 月からは， 1 ヵ月16,520円です。この保険料が妥当な金額か否か？　滅茶苦茶自己流の簡単計算をしてみようかな…

国民年金の月額保険料を X 円とします。

40年間保険料を支払った場合の老齢基礎年金の令和 5 年度満額受給額は月額66,250円です。

「× 2 」は，国の支出額。本当は， 1 号被保険者の人数だけが「× 2 」な

のですが，面倒なので。滅茶苦茶自己流ということで，ご勘弁を。

$$（20歳〜60歳の人口）×X円×2＝（65歳以上の人口）×66,250円$$
$$6,099万人×X円×2＝3,618万人×66,250円$$
$$X円＝19,650円$$

　ということで，令和5年の保険料16,520円は，滅茶苦茶自己流の計算19,650円よりは，安くなっています。

　滅茶苦茶自己流の計算をした意味は，「保険料値上げの余地がある」を言いたいのではありません。あくまでも，超大雑把なイメージをつかむだけのことです。

　しばしば，「国民年金は1人の高齢者を3人で支える騎馬戦型から，1人が1人を支える肩車型へ移行する」と言われます。今は，〔6,099万人：3,618万人＝1.68：1〕の計算で，1人の高齢者を1.68人で支えている計算です。もっとも，高齢者でも，65歳〜75歳の高齢者は内心では，「若者に支えられているって，冗談じゃない。馬鹿にするな，ワシらが若者を支えているんだ」と思っている人が大勢います。

　さて，誰でも知っているように，今後「20歳〜60歳の人口は減少，65歳以上の人口は増加」です。異次元の少子化対策が成功して出産数が若干増えるにしても，画期的に増えると思っている人はいません。出産数増加ではなく，少ない赤ちゃんを元気に上手に育てる，ということになるのだと思います。

　ともかくも，人口構成は悪化します。となると，「保険料アップ」「受給額実質的ダウン」となりかねません。「保険料アップ」は，そう簡単にはできませんので，あの手この手で，あれやこれや…。年金財政に関しては，第6章の「年金財政はどうなるか」で説明します。

　当然，年金だけで悠々自適に暮らせる人は減少し，「年金＋給与」の人が増加します。それが事実です。幻想をばらまいても混乱を招くだけです。

| 図表1-3 | 国民年金保険料の推移 |

	保険料	付加保険料
昭和45年（1970年）4月	35歳未満250円，35歳以上300円	制度なし
昭和55年（1980年）4月	3,770円	400円
平成2年（1990年）4月	8,400円	400円
平成12年（2000年）4月	13,300円	400円
平成22年（2010年）4月	15,100円	400円
令和2年（2020年）4月	16,540円	400円
令和3年（2021年）4月	16,610円	400円
令和4年（2022年）4月	16,590円	400円
令和5年（2023年）4月	16,520円	400円

出所：日本保険機構ホームページ

| 図表1-4 | 日本の人口　令和5年（2023年）5月1日概算値 |

（単位：万人）

年齢（歳）	男女計	男	女
0 ～ 4歳	417	213	203
5 ～ 9	489	250	238
10 ～ 14	527	270	257
15 ～ 19	551	283	268
20 ～ 24	625	321	303
25 ～ 29	643	330	313
30 ～ 34	640	328	312
35 ～ 39	711	362	349
40 ～ 44	784	398	387
45 ～ 49	925	469	456
50 ～ 54	955	482	473
55 ～ 59	816	408	408
60 ～ 64	748	370	378
65 ～ 69	739	359	379
70 ～ 74	900	425	475
75 ～ 79	732	329	403

80 ～ 84	578	241	337
85 ～ 89	400	145	254
90 ～ 94	204	58	146
95 ～ 99	59	12	47
100歳以上	9	1	8
総　数	12,450	6,054	6,396

出所：総務省統計局日本の人口

2）保険料の上乗せ

　第1号被保険者は，国民年金の定額保険料に上乗せした掛金を支払い，将来の年金受給額を増やすことができます。

①付加保険料

　　月額400円を納付すると，将来の老齢基礎年金が増額される制度があります。2年間受給すると元が取れます。

②国民年金基金

　　月額1口目が年齢・性別によって1～2万円からです。上限は，月額6万8,000円です。途中脱会は原則なし。お金にかなり余裕がある人のための制度です。

3）保険料納付が困難な場合の制度

現実問題として，毎月の保険料16,520円が納付困難な人が多数存在します。

第1号被保険者（自営業者・農民・無職など）…1,450万人

第2号被保険者（会社員・公務員など）…4,510万人

第3号被保険者（第2号被保険者の被扶養配偶者）…790万人

任意加入被保険者（60歳以上65歳未満で，納付が40年間に達していない人など）…人数不明。少ないと言われています。

このうち，第1号被保険者が，毎月，保険料16,520円を納付の義務を負っ

ています。しかし，納付がとても困難な人が大勢いて，第1号被保険者の約半数（46%）が，保険料の免除・猶予を受けています。

　保険料納付が困難な場合，免除・猶予の制度があります。

　①保険料免除制度

　本人・世帯主・配偶者の所得が一定額以下の場合や失業した場合など，保険料の納付が困難なときは，申請によって保険料が免除になります。

　免除される額は，全額，4分の3，半額，4分の1の4種類あります。

　免除期間は受給資格期間に含まれます。受給額は減額されますが，税金投入分はカウントされます。

　②保険料納付猶予制度

　20歳〜50歳未満で，本人・配偶者の所得が一定額以下の場合は，申請によって保険料納付が猶予できます。

　納付猶予期間は受給資格期間に含まれます。受給額は，後から追納しないと減額されます。

　③学生納付特例制度

　大学・大学院・短大・専修学校・各種学校などの学生で，学生本人の所得が一定以下の場合，申請によって保険料納付が猶予できます。

　納付猶予期間は受給資格期間に含まれます。受給額は，後から追納しないと減額されます。

　4）世帯分離で保険料が全額免除に

　3）①で，本人・世帯主・配偶者の所得が一定額以下の場合は，申請によって保険料が免除になります，と記述しました。注意してほしいのは，「本人・世帯主・配偶者」の部分です。

　例えば，本人40歳は無職でたまにアルバイト，配偶者なし。同居の父親が世帯主で年収800万円。この場合，父親が一定以上の所得があるので，父親が保険料を納付しなければなりません。しかし，父親が住宅ローンやら他の借金を抱えている，あるいは，別居の年老いた親に毎月仕送りをしなければ

ならない，そんな家計状況の場合，息子の国民年金保険料を納付することが苦しいケースがあります。でも，「一定以上の所得」があるので，保険料納付の義務があります。

このような場合，息子本人は父親と世帯分離して，単身世帯になるワザがあります。父親と別世帯になり，息子本人も単身世帯の世帯主，父親も世帯主となるわけです。そうすれば，息子本人は保険料全額免除となります。世帯分離は無料で可能です。

世帯分離に関しては，拙著『世帯分離で家計を守る（改訂版）』（中央経済社刊）をご覧ください。

5）産前産後の保険料免除

平成31年（2019年）4月から，国民年金第1号被保険者（自営業，農業者，学生，無職者）が出産した場合，産前産後期間の原則4ヵ月間，保険料が免除されます。市町村への届出が必要です。なお，この制度発足のため，国民年金保険料が月額100円値上げになりました。

（6）　厚生年金の保険料

厚生年金の保険料は，平成16年（2004年）から段階的に引き上げられてきましたが，平成29年（2017年）9月を最後に引上げが終わり，厚生年金保険料率は18.3％に固定されています。労使折半ですから，社員は9.15％の負担となります。

ときどき，「厚生年金の保険料が上がった」という声を耳にしますが，それは残業時間が増えたりして給与収入が増額した結果です。保険料率に変化はありません。

今後，保険料率の変化はあるのでしょうか。よほどのことがない限り，変化はないと思います。保険料率固定は「年金100年安心」の柱の1つです。

図表1-5　厚生年金の保険料計算

	保険料額の計算方法
毎月の保険料額	標準報酬月額　×　保険料率
賞与の保険料額	標準賞与額　×　保険料率

出所：著者作成

1）標準報酬月額

　図表1-5の中にある「標準報酬月額」とは，基本給に加えて，残業手当，通勤手当などを含んだ額です。32の等級に分けられ，等級ごとに保険料が定められています（**図表1-6**）。月給の約1割を厚生年金の保険料として支払っているということです。具体的に計算してみます。

　標準報酬月額が41万円（24等級）の場合，社員が負担する毎月の保険料額は，

　　41万円×0.183×1／2＝37,515円

となります。

2）標準賞与額

　図表1-5の中にある「標準賞与額」とは，いわゆるボーナスで，賞与（役員賞与を含む），期末手当，夏季手当，冬季手当，年末手当，もち代，年末一時金など，さまざまです。受け取った賞与の額が標準賞与額になります。年3回以下の回数で支給されるものであり，年4回以上の賞与は，「標準報酬月額」の対象となります。「標準賞与額」は，税引き前の賞与額から1千円未満を切り捨てた額です。支給1回につき150万円が上限です。

　夏季ボーナスが170万円の場合，社員が負担する「賞与の保険料額」は，

　　150万円×0.183×1／2＝137,250円

となります。「170万円×…」ではなく，「150万円×…」となっています。とりあえず，「へぇ～」と思ってください。

図表1-6　厚生年金保険料額表（令和5年版）

（単位：円）

標　準　報　酬		報　　酬　　月　　額			一　般・坑　内　員・船　員 （厚生年金基金加入員を除く）	
					全　　　額	折　半　額
等級	月額				18.300%	9.150%
		円以上		円未満		
1	88,000		～	93,000	16,104.00	8,052.00
2	98,000	93,000	～	101,000	17,934.00	8,967.00
3	104,000	101,000	～	107,000	19,032.00	9,516.00
4	110,000	107,000	～	114,000	20,130.00	10,065.00
5	118,000	114,000	～	122,000	21,594.00	10,797.00
6	126,000	122,000	～	130,000	23,058.00	11,529.00
7	134,000	130,000	～	138,000	24,522.00	12,261.00
8	142,000	138,000	～	146,000	25,986.00	12,993.00
9	150,000	146,000	～	155,000	27,450.00	13,725.00
10	160,000	155,000	～	165,000	29,280.00	14,640.00
11	170,000	165,000	～	175,000	31,110.00	15,555.00
12	180,000	175,000	～	185,000	32,940.00	16,470.00
13	190,000	185,000	～	195,000	34,770.00	17,385.00
14	200,000	195,000	～	210,000	36,600.00	18,300.00
15	220,000	210,000	～	230,000	40,260.00	20,130.00
16	240,000	230,000	～	250,000	43,920.00	21,960.00
17	260,000	250,000	～	270,000	47,580.00	23,790.00
18	280,000	270,000	～	290,000	51,240.00	25,620.00
19	300,000	290,000	～	310,000	54,900.00	27,450.00
20	320,000	310,000	～	330,000	58,560.00	29,280.00
21	340,000	330,000	～	350,000	62,220.00	31,110.00
22	360,000	350,000	～	370,000	65,880.00	32,940.00
23	380,000	370,000	～	395,000	69,540.00	34,770.00
24	410,000	395,000	～	425,000	75,030.00	37,515.00
25	440,000	425,000	～	455,000	80,520.00	40,260.00
26	470,000	455,000	～	485,000	86,010.00	43,005.00
27	500,000	485,000	～	515,000	91,500.00	45,750.00
28	530,000	515,000	～	545,000	96,990.00	48,495.00
29	560,000	545,000	～	575,000	102,480.00	51,240.00
30	590,000	575,000	～	605,000	107,970.00	53,985.00
31	620,000	605,000	～	635,000	113,460.00	56,730.00
32	650,000	635,000	～		118,950.00	59,475.00

出所：日本年金機構「令和5年度一般・坑内員・船員の被保険者の方（令和5年度版）」

なお，標準報酬月額の上限額65万円，標準賞与額の150万円は，以前から
アップが提起されています。

　まずは，鳥瞰的総論的に「公的年金は2階建て」をみました。
　そして，年金の仕組みは実は単純で，「保険料を集める」，集めた保険料に
国庫負担を加えて「年金を支払う」だけです。将来的には，「支払い年金額
＝保険料（7割）＋国庫負担金（2割）＋積立金（1割）」となります。
　年金の原理は単純なのですが，制度の内部に入ると複雑怪奇になっていま
す。そして，「知らなければ不安」になります。「知れば，まあまあ安心」と
なります。
　次節から，個別の「損をしない話」「得になる話」を述べていきます。

2 受給資格期間
…… 10年に満たなくても，あきらめない

（1） 25年から10年になったが…

老齢年金の受給要件とは，あっさり言って「受給資格期間」です。

平成29年（2017年）8月1日から，老齢基礎年金の受給資格期間が25年から10年になりました。

例えば10年間のうち，9年11ヵ月は国民年金のみ，1ヵ月は厚生年金に加入していた場合，9年11ヵ月分は「老齢基礎年金」のみ，1ヵ月分は「老齢基礎年金＋老齢厚生年金」を受給することになります。

むろん，30年間保険料を納付した人と10年間だけの人では，受給する年金額に大きな差が生まれます。あの頃の議論では，「無年金者は減るが，低年金者が増加する」が多くありました。「そんなの当たり前だ」と思っていましたが，とかく世の中には，何でもかんでも批判したがる人がいて，「低年金者が増加する。おかしい，ケシカラン」という声が響いていました。

私は次のような声をしばしば聞いていました。

「30歳〜50歳頃，6〜7年かな，7〜8年かな，それぐらいの期間は保険料を支払ったが，25年間は無理と思って，払わなくなってしまった。今，無年金だよ。あの6〜7年か，7〜8年間の保険料を返せ，と言いたいよ」

そんな声を何人もから聞いていたので，受給資格期間10年の実現は，拍手喝采しました。

そう言うと，「その人の場合，仮に8年間納付したとして，10年間には満たないので，やはり無年金じゃないか。その人の場合，25年間でも10年間でも，同じじゃないか」という批判めいた声が聞こえてきました。

しかし、「ギブアップするのは、いつでもできる。なんとかなる、と思って、あの手この手を追求してみる。そうすれば、なんとかなるケースが多い」のであります。

（2）　受給資格期間10年の算数式

算数式では次のようになります。実は、次に説明する「算数式以外のテクニック」のほうが重要なのですが、モノの順序ということで算数式から始めます。

> 受給資格期間＝保険料納付期間＋国民年金保険料の免除期間
> 　　　　　　　＋合算対象期間

★保険料納付期間は、説明する必要はないと思います。

★国民年金保険料の免除期間

経済的に保険料納付が困難な場合、「保険料の免除・猶予・学生納付特例」の制度があります。この期間は、受給資格期間に含まれます。ですから、保険料納付が「困難だ」「困難になりそうだ」と思ったら、迷わず市町村の年金窓口へ相談して、必ず手続きをしてください。「面倒くさい！」と思って手続きしないと、大損に繋がります。

★合算対象期間（カラ期間）

国民年金が義務化されていない時期がありました。その当時、任意加入していた人もいましたが、義務ではないので、任意加入しない人も多くいました。そのため、年金額には反映されませんが、受給資格期間には含まれます。

この他にも、合算対象期間はありますが、非常に多岐にわたっていますので、主なものだけを記しておきます。ただし、年齢など他に要件がありますので、次の①～③はイメージをつかむための文章と思ってください。

①日本人であって海外に居住していた期間。

②かつて，学生は国民年金が義務ではなく任意加入の時代があった。その頃，任意加入していなかった期間。

③国民年金に任意加入していたが，保険料が未納の期間。

（3） 算数式以外のテクニック

1）2年以内に納付する

毎月の国民年金の保険料は翌月末日までが納付期限ですが，それから2年以内なら，おくればせながら納付できます。

督促状が来ている場合は，2年以降でも納付が可能ですが，延滞金が加算されるケースもあります。

2）60歳以降の任意加入

国民年金の大原則は，20歳から60歳まで40年間納入して，65歳から老齢基礎年金を受給するというものです。この空白の5年間を活用して，任意加入します。例えば，7年間だけ納入した人は，60歳以降に3年間以上任意加入すれば，10年以上となります。

65歳まで任意加入しても10年間にならない人は，70歳まで任意加入できます。

3）厚生年金のある会社で働いて10年を満たす

厚生年金は70歳まで加入できます。したがって，厚生年金のある会社で働いて10年を満たすことができます。70歳以上でも10年に満たない場合は，特別に「高齢任意加入」といって，厚生年金に加入しながら働けます。

かくして，「低年金であっても，無年金ではない」となります。ギブアップしなければ，何かしら手があり，メデタシ，メデタシとなります。

3 繰上げ受給・繰下げ受給の良し悪し
…… 本当に怖いのは「一括受給」かも

（1）　老齢年金の受給開始時期

　老齢基礎年金も老齢厚生年金も，受給開始時期は，65歳が大原則です。しかし，どちらにも繰上げ受給・繰下げ受給の制度があります。

　繰上げ受給の場合，1ヵ月早めるごとに本来の年金額の0.4％分が減額されます。繰下げ受給の場合，1ヵ月遅らせるごとに本来の年金額の0.7％が増額されます。

図表 1 - 7 　繰上げ受給と繰下げ受給

繰上げ受給	60歳から	減額：減額率0.4％×繰上げ月数（最大24％）	基礎と厚生は同時に行う
繰下げ受給	75歳まで	増額：増額率0.7％×繰上げ月数（最大84％）	基礎と厚生は違ってよい

出所：著者作成

　とりあえず，**図表 1 - 7** の説明をします。

①「60歳から」とは，本人が希望すれば，60歳からでも，62歳からでもＯＫですよ，という意味です。

②「最大24％」の数式は，0.4％×60ヵ月（5年間）＝24％

　「最大84％」の数式は，0.7％×120ヵ月（10年間）＝84％

③繰下げ受給の年齢が「70歳から75歳」になったのは，令和4年（2022年）4月からです。

④繰上げ受給の減額率が「0.5％から0.4％」になったのは，令和4年（2022年）4月からです。

⑤繰上げ受給は，老齢基礎年金と老齢厚生年金を同時に行わなければいけ

ませんが，繰下げ受給は別々でもＯＫですよ。

（2） 損益分岐点

テレビなどのマスコミでは，年金の「繰上げ・繰下げ受給」が，しばしば報道されています。中心テーマは，「繰り上げた場合，あるいは繰り下げた場合，何歳まで生きたら，損になるか得になるか」ということです。「何歳で死ぬか？」なんて問題は，閻魔大王しかわかりません。しかし，「お金の損得」が絡むと，「わからないと，わかっていても，わかりたい」という人間の悲しい性分が露わになるようです。

一応，計算してみました。

1）繰上げ受給の場合

本来の65歳から５年間繰り上げて60歳から受給（60ヵ月＝５年間の繰上げ）した場合，65歳から数えて15.8年以内に死亡した場合，得になります。つまり，約81歳が分岐点です（計算方法は省略）。

2）繰下げ受給の場合

本来の65歳から10年間繰り下げて75歳から受給（120ヵ月＝10年間の繰下げ）した場合，75歳から数えて11.9年以上長生きすれば，得になります。つまり，約87歳が分岐点です（計算方法は省略）。

しかし，繰り返しますが，「いつ死ぬか？」がわかるのは閻魔大王だけです。それよりも，現実問題として，「繰上げ受給」を考える人は経済的にピンチの境遇に陥っているからです。「繰下げ受給」を考える人は経済的に余裕があるからです。でも，単純に，それだけで決めてはいけません。基本的に，「先のことは，何が起きるか未知なのが人生」です。経済的ピンチの人は，大ピンチを脱出したとしても，やはり貧しいケースが多いようです。経済的余裕があると思っていても，急に余裕がなくなることもあります。した

がって，面倒でも複雑でも，次のようなことを絶対に考慮すべきです。

（3） 繰上げ・繰下げ受給で注意すべきこと

　繰上げ・繰下げ受給は，図表1-7だけを見れば簡単ですが，実際は，面倒で複雑なことを考えなければなりません。

　少し横道に逸れますが…，

　65歳の3ヵ月前頃，年金受給の手続き書類が届きます。届いてビックリ！18ページもあって，どう書くのか目が回ってしまいます。あの書類をスラスラ書ける人は，天才か年金の専門家だけではないかしら。市町村の年金窓口あるいは年金事務所へ必ず相談に行きましょう。大半の人は，年金に関して断片的知識は相当持っています。でも，18ページの書類を見ると，目が回ります。

　そんなことを思うにつけても，「繰上げ・繰下げ受給」は簡単な理屈なようで，実は迷路のような複雑性を有しています。迷路に迷ったらどうすべきか。とにかく高い所に登って，細かいところは無視して，周辺を見渡します。まずは，年金の全体的像を把握することです。

1）繰上げ受給で注意すべきこと

①いったん繰上げ受給をスタートさせたら，途中で止められません。

②国民年金の任意加入，保険料の追納はできません。

③厚生年金基金がある人は，基金からの年金も減額される可能性があります。厚生年金基金は企業年金の1つで，年金の「3階建て」部分に相当します。なお，厚生年金基金は廃止が決まっています。

④65歳までの間，雇用保険の基本手当が支給されている場合は，老齢厚生年金は全額支給停止となります。老齢基礎年金は停止されません。

⑤雇用保険の「高年齢雇用継続給付」を受けていますと，老齢厚生年金の一部が停止されます。「高年齢雇用継続給付」については，第3章で説明します。

⑥65歳になるまでは，遺族厚生年金などの他の年金と併せて受給できませ

ん。どちらかを選択します。

⑦国民年金の「寡婦年金」は支給されません。寡婦年金を受給中の人は，寡婦年金がなくなります。国民年金は，老齢年金，障害年金，遺族年金の３つが基本ですが，遺族年金に関係した付随的な給付の中に寡婦年金があります。なお，寡夫年金なるものは存在しません。寡婦年金については，第６章の遺族年金のところで若干説明します。

⑧「事後重症」などによる障害基礎年金・障害厚生年金を請求できません。治療中の病気や持病がある人は要注意です。

　　なお，一言。

　　障害年金の請求は，通常の請求である「障害認定日による請求」と，最初は障害の程度が軽く障害に該当しなかったが，その後悪化した場合の「事後重症による請求」があります。障害年金はとても複雑です。私の経験では，精神障害の場合は，本人が精神疾患なので混乱しがちです。

⑨その他いろいろ。

2）繰下げ受給で注意すべきこと

①年金の受給額が増加すると，所得税，住民税，医療保険・介護保険の保険料などの自己負担分が増加します。

②受給方法に「一括受給」という選択があります。これは要注意で，「繰下げ受給の最大の落とし穴」かも知れません。次の項で説明します。

③繰下げしても，「加給年金」額は増額しません。加給年金は，いわば年金の家族手当です。繰下げの場合，加給年金については，よくよく注意してください。

④65歳以降も高収入で働き続ける場合，「繰下げ受給」と「在職老齢年金」の関係をしっかり知らないと，「いざ受給し始めたら，予定していた額より随分少ない」ということになりかねません。「在職老齢年金」は，本書の最大テーマで，第２章で詳しく説明します。

⑤その他いろいろ。

（4）「一括受給」が最大の落とし穴かも

　実際問題として，「繰上げ受給」は「金欠」のため早期に年金をもらいたい，ということで，さほど悩みません。年金受給の有無は悩みませんが，年金以外の諸問題を抱えているケースが多く，年金も含めて，しかるべき人・所で相談すべきです。

　少々，余談になりますが…，

　相談に際して，ピンチであっても，あるいは，ピンチであればこそ，人間は見栄やプライドが現れがちです。典型的には，「近所の質屋へは行かない」「親族に知られたくない」「その場限りの嘘をつく（例えば，当てもないのに，「年内には必ず借金を返します」）」……，正直に，あらいざらい告白して相談することが最も大切です。でも，なかなか，それができない。そのため，どんどん泥沼に落ち込んでいきます。

　自分の苦境を他人に知られたくないため，昨今は，パソコンやスマホに頼る人が大勢います。でも，パソコンやスマホを操作するだけでは絶対に解決できない，と心得てください。パソコンやスマホの情報の中には，詐欺話も多いし，昨今では「闇バイト」情報も横行しています。くれぐれも，用心，用心，ご用心です。

　「繰下げ受給」のほうは，経済的余裕がある人のケースなので，「繰下げ」をすること自体にはさほど悩みませんが，とんでもない「落とし穴」があるので，要注意です。

1）普通に繰下げ受給した場合
①在職老齢年金が適用されて，少しだけのアップに
　65歳以降も企業で働く場合，「年金＋給与」を受け取ることになります。大雑把な話，「年金収入＋給与収入」が月額48万円（令和5年度）を超えると，年金が減額されます。この制度を，「在職老齢年金」といいます。「在職

老齢年金」については，第2章で説明しますので，ここでは大雑把な話に留めます。

　仮に，本来の老齢厚生年金が月額10万円でしたが，「在職老齢年金」制度で減額されて月額4万円になった場合，繰下げ受給によって年金額がアップするのは，4万円の部分だけです。「高齢者も働こう」という掛け声はよく耳にしますが，「在職老齢年金」は，それに反する制度ではないかしら…。

②加給年金が加算されない

　老齢厚生年金には，加給年金という制度があります。いわば，家族手当のようなものです。加給年金についても，別途，説明します。ここでは，イメージだけ把握してください。夫が老齢厚生年金受給者，配偶者が65歳未満なら，「加給年金＋特別加算」で，年額397,500円（令和5年度）が増加します。しかし，繰下げ受給を選択した場合，繰下げ待機期間中の加給年金は，ゼロになってしまいます。とにかく，繰下げの場合，加給年金については，よくよく注意してください。

③所得税，住民税，医療保険・介護保険の保険料などの自己負担分が増加

　収入アップは，税金などのアップに連動します。当然のことです。金額によっては，住民税非課税世帯から課税世帯に移行して，とんでもない負担が押し寄せ，「天国から地獄」のケースが発生します。住民税非課税世帯に関しては，第5章のテーマです。

　こうしたことを考えると，「繰下げ受給，75歳まで繰下げすると，84％増額」という華々しいうたい文句とは裏腹に，実態は「増額するにはするが，さほどでもないかも…」という感じがします。そして，次の繰下げ受給に関する「一括受給」では恐ろしい光景となります。

2）「一括受給」の場合

　国家が打ち出す政策は，大半が「良い面」と「悪い面」がセットになっています。だから，国民は困ってしまう。

令和5年（2023年）4月から，老齢年金（基礎も厚生も）の「一括受給」がとても有利になりました。**図表1−9**と**図表1−10**を比べれば一目瞭然です。それは，「良い面」です。

　しかし，ですね…。

　「一括受給」の「悪い面」は，そのまま存続しています。

　図表1−8の人が，年金額が増加して年額200万円になりました。一括受給ですから，200万円×5年分＝1,000万円となります。この人の「他の所得」「配偶者控除の有無など，各種の所得控除の額」などがわからないので所得税の金額はわかりません。わかりませんが，仮に，延滞税も含めた追加の所得税が100万円とします。たぶん，100万円くらいになります。いかなる理由かわかりませんが，恐ろしいことに延滞税までつくのです。裁判所の判例もあります。

　翌年には，追加の住民税，約50万円の請求がきます。さらに，国民健康保険の保険料，介護保険の保険料の追加請求がきます。2つの保険料で約50万円です。要するに，5年間分の一括受給をして1,000万円確保しても，約200万円も所得税・住民税・保険料で支払うことになるのです。

　繰下げ受給を選択した，ということは，お金に余裕があったからです。しかし，受給に際して一括受給するということは，「急な大きなお金」が必要になったのでしょう。それなのに，それなのに，ああ，それなのに，200万円も支払わなければならない。しかも，延滞税まで支払うことになっています。恐ろしや，恐ろしや，「繰下げ受給の一括受給」は恐ろしや。

(図表1−8)　　普通の繰下げ受給の例（73歳0ヵ月で受給）

65歳	66歳	67歳	68歳	69歳	70歳	71歳	72歳	73歳から
繰下げ待機期間								73歳から増額率67.2％で受給

※67.2％＝0.7％×96ヵ月（8年分）
出所：著者作成

令和5（2023）年3月までの一括受給の例（73歳0ヵ月で受給請求）

65歳	66歳	67歳	68歳	69歳	70歳	71歳	72歳	73歳から
時効で消滅			65歳時点の年金額で一括受給					73歳以降も65歳時点の年金額で受給

※年金の時効は5年間です。

出所：著者作成

図表 1-10 **令和5（2023）年4月からの一括受給の例（73歳0ヵ月で受給請求）**

65歳	66歳	67歳	68歳	69歳	70歳	71歳	72歳	73歳から
繰下げ待機期間			68歳0ヵ月の増額率25.2％で一括受給					73歳から増額率25.2％で受給

※25.2％＝0.7％×36ヵ月（3年分）

出所：著者作成

（5）　自分の余命は閻魔様にしかわからないが，平均余命なら

　自分の死ぬ時期はわからないが，全体の平均値は推定できます。

　「平均余命」とは，「○○歳の人が，あと残り何年生きられるか」という数字です。似たような用語で「平均寿命」があります。平均寿命は，「生まれたばかり0歳の赤ちゃんが，あと残り何件生きられるか」です。要するに，平均寿命とは，0歳の人の平均余命です。

　年金の「繰上げ・繰下げ受給」を考える場合，自分の余命はわかりませんが，平均余命ならわかります。簡易生命表に書いてあります。

【モデル1】男性，70歳まで繰り下げて，85.96歳まで生きた場合

　令和3年の70歳の男性は，平均余命15.96年，つまり85.96歳まで生きます。

　70歳まで繰り下げた場合の年金の増加率は，0.7％×60ヵ月（5年間）＝42％です。

　仮に，65歳で受給した場合の月額が15万円としますと，70歳までに，

15万円×60ヵ月（5年間）＝900万円

を受給していません。70歳から増加率42％で受給し，平均余命（男性）85.96歳まで生きました。年金の総受給額は

15万円×1.42×191.52ヵ月（15.96年間）＝40,793,760円

となります。

よって，65歳から受給した場合と比べると

40,793,760円 － ［900万円 ＋ （15万円×191.52ヵ月）］ ＝3,065,760円

の儲け。

【モデル2】男性，75歳まで繰り下げて，87.42歳まで生きた場合

令和3年の75歳の男性は，平均余命12.42年，つまり87.42歳まで生きます。

75歳まで繰り下げた場合の年金の増額率は，0.7％×120ヵ月（10年間）＝84％です。

仮に，65歳で受給した場合の月額が15万円としますと，75歳までに，

15万円×120ヵ月（10年間）＝1,800万円

を受給していません。75歳から増額率84％で受給し，平均余命（男性）87.42歳まで生きました。年金の総受給額は

15万円×1.84×149.04ヵ月（12.42年間）＝41,135,040円

となります。

よって，65歳から受給した場合と比べると

41,135,040円 － ［1,800万円 ＋ （15万円×149.04ヵ月）］ ＝779,040円

の儲け。

その結果は…

【モデル1】と【モデル2】を比べれば，繰下げ時期を，70歳から75歳に移行すると，儲けが306万円から77万円に減少しています。

実は，令和4年（2022年）4月から，繰下げ受給開始の上限年齢が，「70歳まで」から「75歳まで」に移行しました。繰下げ受給にともなう増額率（75歳まで繰り下げると増加率84％）という大盤振舞いを振りかざすことによって，年金財政に若干なりとも寄与できるために，70歳から75歳へ移行したものと推測します。

　年金財政を真剣に考えている専門家は，本当によく考えているなぁ，と感心してしまいます。
　「75歳まで繰り下げれば，増減率84％だよ，とってもお得だよ」
　その心は，
　「年金財政に若干なりとも貢献する」

図表1-11　主な年齢の平均余命（男性）

年齢	令和3年（2021年）	平成29年（2017年）
0歳	81.47	81.09
10歳	71.70	71.33
20歳	61.81	61.45
30歳	52.09	51.73
40歳	42.40	42.05
50歳	32.93	32.61
60歳	24.02	23.72
70歳	15.96	15.73
75歳	12.42	12.18
80歳	9.22	8.95
90歳	4.38	4.25
100歳	1.91	1.80

出所：厚生労働省「簡易生命表の概況」

図表1-12 主な年齢の平均余命（女性）

年齢	令和3年（2021年）	平成29年（2017年）
0歳	87.57	87.26
10歳	77.78	77.50
20歳	67.87	67.57
30歳	58.03	57.70
40歳	48.24	47.90
50歳	38.61	38.29
60歳	29.28	28.97
70歳	20.31	20.03
75歳	16.08	15.79
80歳	12.12	11.84
90歳	5.74	5.61
100歳	2.41	2.37

出所：厚生労働省「簡易生命表の概況」

（6） 公的年金だけでは不足！どうするか？

　平均余命は，男女ともに伸びています。これは，年金財政にとって「マイナス作用」です。少子化により，「年金保険料を支払う人数（働く世代）」と「老齢年金を受給する世代（高齢世代）」の差が縮小し，これも年金財政にとって「マイナス作用」です。あれやこれやで，今後，受給する年金額の実質的価値は低下します。これは明確な事実です。第6章で述べる「財政検証」（厚生労働省）でも，明確に書かれています。

　それに，現状でも年金だけでは不足している高齢夫婦が大半です。令和1年（2019年）に金融庁が，「老後2,000万円問題」を提起しました。その内容は，高齢者無職夫婦の平均的収入が月額約21万円，支出が約26万4,000円ですから，毎月5万4,000円不足します。老後が30年としますと，約2,000万円が必要になります，というものです。金融庁が「老後2,000万円問題」を提起した際，さまざまな批判が噴出しました。金融庁の発表は，単純な算数で

す。単純な事実です。金融庁発表を批判する論調には，「事実を事実として認めたくない」という気分が強かったのでしょう。

　では，どうするか。簡単に，まとめてみました。

①公的年金の上乗せ制度の活用

★付加年金

　第1号被保険者（自営業者，農業者など）が，国民年金の保険料に毎月400円上乗せします。

★国民年金基金

　第1号被保険者（自営業者，農業者など）が加入できます。毎月6万8,000円以内の掛金を選択します。途中で掛金の増減は可能ですが，途中脱退はできません。付加年金との国民年金基金の両方加入はできません。

★小規模企業共済

　個人事業者，小規模企業の役員が加入する退職金制度です。

②公的年金の繰下げ受給

③年金の「3階建て」部分（私的年金）の活用

　最近では，「iDeCo」（イデコ，個人型確定拠出年金）が脚光を浴びています。基本的に投資ですから，元本割れも可能性としてはあります。

　なお，一時期大きな話題になった「日本版401k」と「iDeCo」の関係について一言。2001年に確定拠出年金制度が生まれました。これが，「日本版401k」と呼ばれるものです。確定拠出年金は大別して，「個人型」と「企業型」があります。「個人型」が「iDeCo」（イデコ，個人型確定拠出年金）です。

④年金の「3階建て」部分（私的年金）以外の投資

　株式投資，不動産投資などいろいろ。中には，詐欺話もあります。くれぐれも，「美味しい話」に引っかからないように。

⑤節約生活

　お金がないから，節約せざるを得ない。華美・贅沢を煽る風潮があります

が，やはり「小欲知足」は美徳です。お金をたくさん持っている人は，「小欲知足」プラス「良いこと，善なることに，たくさんお金を使う」ことを考えていただきたい。

⑥支払った所得税の確認

所得税で「知らないがために，余分の税金を支払っている」人が多くいます。多くの場合，住民税や国民健康保険の保険料などの自己負担金も「余分に支払う」ことに連動します。これをストップする。所得税の時効は5年ですから，もし余分に支払っていることに気づいたら，遡って手続きしましょう。

⑦65歳になっても，健康・元気であれば働く

健康寿命は男性で約73歳，女性で76歳です。健康寿命と平均寿命の差は，うれしいことに，少しずつ縮まる傾向にあります。

高齢者の就業率アップの要因としては，

★年金受給が60歳から65歳へ引き上げられたこと

★健康寿命が延びたこと

この2つが大きいと思います。

健康・元気であれば，無理のない範囲で働くことが大切です。ただし，「稼ぎすぎると，損をする」ケースがありますので，ご注意を。これが，本書のテーマです。

なお，「老後2,000万円問題」に関して，実際に65歳以上の世帯はどの程度の貯蓄額があるのでしょうか。

いろいろなデータがあり，数字がバラバラなので，どの数字を信じてよいのか迷ってしまいます。令和4年（2022年）の家計調査報告では，「世帯主が65歳以上で2人以上世帯の場合，貯蓄額が2,500万円以上が34.2％であり，300万円未満は14.4％」となっています。他の資料では，それよりも格段に貧困高齢者が多い数字もあります。「データ・数字は嘘をつかない」と言われますが，往々にして「データ・数字は見方によって，どうにでも解釈でき

る」ようです。

　まあ，数字にこだわらず，持っている人も大勢いれば，持っていない人も大勢いる，という感覚が大切かと思います。政府の中枢の人の中には，子供の頃から貧乏な人と懇意になったことがないという人もいるようですが，「持っていない人も大勢いる」を積極的に意識してほしいものです。

　さらに，なお…。

　「老後2,000万円問題」に関して，「合成の誤謬（ごびゅう）」が指摘されることがあります。「合成の誤謬」とは，個人個人が合理的な行動をとっても，全体としては悪い状況になってしまう，というものです。個人個人がせっせと積立預金をする，iDeCoをする，それは個人にとっては合理的行動ですが，大普及すると消費が減少して不況に陥ってしまう。

　そんなことを考えると，どうしてよいのかわからなくなり，一方では「みなさん，預貯金せよ！」と叫び，他方では「みなさん，消費を増やそう！」と矛盾したことを平気で叫びます。まあ，今のところ，預貯金のデータを眺めているだけのようです。

　「合成の誤謬」は，経済学のテーマとして流行りましたが，実は，世の中のさまざまな場面で登場します。組織でも優秀な人ばかりだと，その組織は衰退します。民主主義論でも「合成の誤謬」は脅威です。話がドンドン展開しそうなので，これで止めます。

マルサスの人口論

　かなり，飛躍した余談ですが…，

　すでに日本は人口減少の時代に入りました。漠然と思うことがあります。

　1つ目は，マルサス（1766〜1834）の『人口論』の有名なフレーズ，「人口は幾何級数的に増加するが，食料は算術的にしか増加しない。その差によって人口過剰，すなわち貧困が発生するのは必然である」を思い出します。マルサスの論理に対して反論が存在しているのは承知していますが，地球環境問題などを考えると，漠然と地球上には人類が多すぎるのではないか，と思ってしまいます。

　2つ目は，昭和20年から30年代にかけて，「日本の国土は狭い。しかし人口が多い。人口が多くて大変だ」と，しきりに言われました。ですから，ぼんやり「人口減少は良いことではないか」と思ったりします。

　ただし，年金財政のことを考えると，働き手の減少はマイナスに作用するとわかります。でも，異次元の少子化対策・画期的な出産奨励策が大成功しても，働き手になるのは20年先のことです。

　現実・事実を見つめることは，難しいのかもしれません。将来は，いろいろな可能性がありますから，断定はできませんが，人口減少を前提とした将来社会も，真剣に考えなければいけません。

　最近，思うのですが，不可能な幻想，夢物語を語る方が人気を博しているのではないか。ハリーポッターと事実を混同しているのではないか。それでは，混乱を招く結果になります。

第2章

年金はいくらもらえる？

··

「年金＋給与」≦48万円

··

の壁を突破する

··

老齢基礎年金の受給額
……満額の人は少ない

（1） 老齢基礎年金の満額の数字

　20歳から60歳まで40年間，すべての保険料を納めると，65歳から満額の老齢基礎年金を受給できます。満額の数字は，毎年，変わります。大雑把に言えば，年間80万円弱，月額６万数千円です。

<table>
<tr><td align="center">図表２−１</td><td colspan="2">老齢基礎年金の満額の推移</td></tr>
</table>

年　　度	年　　額	月　　額
平成31年度（2019年度）	780,100円	65,008円
令和２年度（2020年度）	781,700円	65,141円
令和３年度（2021年度）	780,900円	65,075円
令和４年度（2022年度）	777,800円	64,816円
令和５年度（2023年度）	795,000円（注）	66,250円

出所：日本年金機構ホームページ

　図表２−１の（注）の説明をします。

　令和５年度（2023年度）の年額の数字は，年齢によって次のように分かれます。

　　67歳以下の人（昭和31年４月２日以後生まれ）…795,000円（月額66,250円）

　　68歳以上の人（昭和31年４月１日以前生まれ）…792,000円（月額66,000円）

　２つに分かれる理由は，67歳以下は賃金上昇率に基づき計算され，68歳以上は物価上昇率に基づき計算されます。67歳以下は働いている人が多いから，それに合わせる。68歳以上はもっぱら消費だけの人が多いから，それに合わせる。そんな理由だと思います。

なお，年齢「宙ぶらりん」のお話を。

国民年金の原則は，20歳〜60歳の40年間保険料を納付し，65歳から老齢基礎年金を受給する，というものです。誰しも，60歳から65歳の間が「宙ぶらりん」と感じます。そこで，納付期間を45年に延ばし，受給金額をアップするというアイデアが出ています。

単なるアイデアで終わるのか，それとも本格化するのか，どうなることやら……。今のところ，年齢「宙ぶらりん」のお話は，議論も「宙ぶらりん」です。

（2） 老齢基礎年金の満額を受給する人は少ない

実際問題として，老齢基礎年金を満額受給できる人は多くありません。大雑把な数字が**図表2-2**です。満額は月額約6万円台ですが，受給者の実態は，5万円台です。60歳〜64歳が4万円台と少ないのですが，これは，「繰上げ受給」で減額されているからです。

老齢基礎年金の計算式がありますが，記載を省略します。省略理由は，結構，ヤマカンが当たるからです。40年満額で月額66,250円ですから，自分の過去を振り返って，「あの頃，約10年間，年金が払えなかった，無関心だった」と思い出せば，ヤマカンで「月額4〜5万円かな」と想像します。案外，当たっているものです。

| 図表 2 - 2 | 老齢基礎年金の受給実態 |

年齢	受給者数	平均月額
60～64歳	19万人	42,500円
65～69歳	650万人	57,700円
70～74歳	900万人	57,100円
75～79歳	650万人	56,100円
80～84歳	540万人	56,600円
85～89歳	370万人	56,000円
90歳以上	220万人	51,300円

出所:『厚生労働白書（令和 4 年版）』から計算

（3） 国民年金よりも生活保護が得？

　世間には，「老齢基礎年金を満額受給しても，生活保護受給額のほうが多いので，国民年金なんてバカバカしい」とする声があります。しかし，この話は嘘です。「嘘も100回言えば真実となる」という言葉があり，この嘘を信じている人が相当数いるようです。「月額の金額だけを比較して，生活保護金額のほうが多い」という「だけの話」を，あたかも「全体の話」にすり替える詐欺話法に引っかかっているのです。

　そもそも，生活保護は，自宅・預貯金などの全財産がスッテンテンにならないと受給できません。それから，忘れがちな点は，国民年金には，老齢基礎年金以外に，障害年金と遺族年金があるということです。仮に，50歳で障害者になれば，障害年金 1 級は年額993,700円が受給できます。障害年金 1 つとっても，国民年金の有用性が明らかです。

2 老齢厚生年金の受給額
……加給年金で大損している人が多い

（1） 老齢厚生年金の受給額の原則公式

　老齢基礎年金の受給額の計算は簡単ですが，老齢厚生年金の受給額の計算は，理解が困難です。厚生年金に加入していたときの報酬額や加入期間，その他によって計算されます。はっきり言って，とても複雑な計算になります。

[原則公式]

　　老齢厚生年金の年金額＝報酬比例部分＋経過的加算＋加給年金額

※この公式の本体部分は，「報酬比例部分」です。後の2つは，いわば「プラスα」です。

（2） 報酬比例部分の計算式

　ザックリ言って，老齢厚生年金の本体部分は「報酬比例部分」です。「経過的加算」と「加給年金額」は「プラスα」に過ぎません。したがって，超大雑把に言えば，「老齢厚生年金額≒報酬比例部分」とも言えます。

　あらかじめ申しますが，面倒な計算をしなくても，年1回郵送されてくる「ねんきん定期便」を見るか，日本年金機構の「ねんきんネット」で調べれば，あなたの「おおよその年金額」はすぐわかります。

　でも，論理や計算方法を知らされず，ポンと結論の数字だけを示されても，なんとなく不安・不満足な人も大勢います。そんな人のために，計算式を書いておきます。

[報酬比例部分の計算式]

> 報酬比例部分＝（A）＋（B）
> （A）平成15年（2003年）3月までの期間
> 　　平均標準報酬月額×7.125÷1,000×加入月数
> （B）平成15年（2003年）4月以降の期間
> 　　平均標準報酬額×5.481÷1,000×加入月数

※（A）の「平均標準報酬月額」と（B）の「平均標準報酬額」とはどう違うのか。
　平成15年（2003年）3月までは月給のみで計算していたのですが，平成15年（2003年）4月からはボーナス（正確には標準賞与額）も入れて計算する総報酬制になりました。

　計算式はわかっても，「平均標準報酬月額」とその加入月数，「平均標準報酬額」とその加入月数がわからないことには，どうにもならない。でも，平成21年（2009年）から毎年，誕生月に「ねんきん定期便」が届くようになりました。「ねんきん定期便」には，次の①～⑥の内容が記載されています。「ねんきん定期便」の内容は，インターネットで日本年金機構の「ねんきんネット」に登録すれば，いつでも知ることができます。年1回の「ねんきん定期便」よりは「ねんきんネット」のほうが便利です。

①年金加入期間（加入月数，納付済月数など）

②老齢年金の見込み額…とにかく「見込み額」です。例えば，国民年金基金，厚生年金基金は考慮されていません

③被保険者の過去の保険料納付総額…事業主負担分は記載なし

④年金加入履歴…加入した保険名，事業所名，被保険者の資格習得・喪失年月日など

⑤厚生年金の全期間の月ごとの標準報酬月額・標準賞与額など

⑥国民年金の保険料納付状況（納付・未納・免除など）

ただし，「ねんきん定期便」を見ても，「なんかごちゃごちゃ数字が書いてあるな～，さっぱりわからない」と感じる人が多いと思います。

　私は，「役所から来た書類は最低5回は読みなさい。1回見ただけで理解できたら天才です」とアドバイスしています。とりわけ年金関係の書類は，基礎知識が不足しているために，何がなんだかわからない人が多くいます。

　「ねんきん定期便」または「ねんきんネット」を見ても，「どうもわからない，納得できない」という人は，市町村の年金窓口，あるいは全国各地にある年金事務所でお聞きになってください。

（3）　経過的加算…わずかな金額です

　再び記載しますが，老齢厚生年金の受給額の原則公式は，

老齢厚生年金の年金額＝報酬比例部分＋経過的加算＋加給年金額

です。経過的加算と加給年金額は「プラスα」と前述しました。その経過的加算について説明します。

　国民年金は20歳～60歳が加入義務です。厚生年金は，義務教育卒業から70歳まで加入できます。年金改革の1つである「1階部分の共通化」によって，義務教育卒業～19歳，61歳～70歳までの間が，老齢基礎年金に反映できなくなってしまいました。それで生まれたのが，「経過的加算」です。

　したがって，金額もわずかで，多い人でも年間数万円です。年間数百円，数千円の人が多いようです。計算式は原則の計算式はありますが，例外・特別の計算があって複雑なので，省略します。

　なお，「経過的加算」は，あくまでも「経過的」ですから，いずれなくなります。

（4） 加給年金…届出が必要！「維持」と「扶養」を錯覚して大損している人が多い

1）老齢厚生年金の受給額の原則公式

老齢厚生年金の受給額の原則公式は，

老齢厚生年金の年金額＝報酬比例部分＋経過的加算＋加給年金額

です。経過的加算と加給年金額は「プラスα」と前述しました。その加給年金額について説明します。

厚生年金の被保険期間が20年以上あって，65歳に達したとき，その方に生計を維持されている配偶者または子がいる場合に加算されます。65歳以降に20年に達してもＯＫです。まあ，家族手当のようなものです。

2）注目！配偶者が年収850万円未満なら加給年金がつく

ここで是非とも注目してほしいのは，「生計を維持されている配偶者」の部分です。「扶養されている配偶者」ではありません。配偶者の年収が850万円未満なら大丈夫です。例えば，夫が65歳になって老齢厚生年金を受給するようになったとき，妻は55歳で年収800万円だとします。この場合，夫の年金には加給年金がつきます。ただし，「届出」をしないと加給年金はつきません。「維持」イコール「扶養」と思い込んで，「届出」をせずに損をしている人が多いようです。

なお，言葉の整理整頓のため一言。
「生計を共にする」…住民票の「世帯」で使用。
「生計を一にする」…所得税・住民税の「扶養控除」で使用。

「生計を維持されている」…老齢厚生年金の「加給年金」で使用。

この3つは似たような響きですが，意味が異なります。

　図表2-3の配偶者の欄に「228,700円＋特別加算」と書いた意味は，年金受給権者の生年月日によって，33,800円から168,800円の特別加算があります，ということです（**図表2-4**）。

　配偶者加給年金額は特別加算額を加えて397,500円になります。結構な金額です。でも，「届出」が必要です。

図表2-3　加給年金額（令和5年4月時点）

対象者	加給年金額	年齢制限
配偶者	228,700円 ＋特別加算	65歳未満 （大正15年4月1日以前に生まれた配偶者には年齢制限なし）
1人目・2人目の子	各228,700円	18歳到達年度の末日までの子 または，1級・2級の障害の状態にある20歳未満の子
3人目の子	各76,200円	18歳到達年度の末日までの子 または，1級・2級の障害の状態にある20歳未満の子

出所：日本年金機構ホームページ

図表2-4　配偶者加給年金額の特別加算（令和5年4月から）

受給権者の生年月日	特別加算額	加給年金額の合計額
昭和9年4月2日から昭和15年4月1日	33,800円	262,500円
昭和15年4月2日から昭和16年4月1日	67,500円	296,200円
昭和16年4月2日から昭和17年4月1日	101,300円	330,000円
昭和17年4月2日から昭和18年4月1日	135,000円	363,700円
昭和18年4月2日以降	168,800円	397,500円

出所：日本年金機構ホームページ

（5）　振替加算…届出が必要！

次いで，加給年金と密接な「振替加算」について。

例えば，夫が老齢厚生年金を受給していて妻を配偶者加給年金の対象者としていました。妻が65歳になり年齢制限となったとき，配偶者加給年金は終了し，妻は老齢厚生年金を受給するようになりました。すると，夫の配偶者加給年金と似たような額が妻の年金に付け加わります。これを「振替加算」といいます。振替加算の金額は，毎年，減少していきます。振替加算も「届出」が必要です。

加給年金にしろ，振替加算にしろ，「この場合はOK」「その場合はNO」といった複雑かつ微細な要件があります。そこは迷路ですから，本書では立ち入りません。「自分のケースは，どうなるか？」を自力で必死に調べても，100％自信のある解答はでません。「たぶん，こうじゃないかしら…」に至るだけです。ですから，全国各地にある年金事務所に予約して聞いたほうがいいです。市町村の年金窓口は国民年金が中心なので，厚生年金関係の加給年金や振替加算を聞いても，的確な返答が得られないかもしれません。

（6）　実際，老齢厚生年金をいくら受給しているか

「老齢厚生年金の年金額＝報酬比例部分＋経過的加算＋加給年金額」の説明が終わったところで，現実問題として，老齢厚生年金は，いくら受け取れるのでしょうか。**図表2−5**は，「老齢基礎年金＋老齢厚生年金」の数字です。ザックリ言って，月額約14〜16万円の人が多いようです。

ただし，**図表2−6**のように男女別に見ますと，男性で月額15万円以上は64％いますが，女性は9％しかいません。理由は，女性は会社勤務が短いという事実です。しかし，時代の変化で，今後，女性の15万円以上も増加していくでしょう。

高齢夫婦で，配偶者が老齢基礎年金だけの約5〜6万円とすると，夫婦で

19〜22万円となります。

　となると，前述の「公的年金だけでは不足。どうするか？」のように，あれこれしなければなりません。簡単に言えば，「お金を貯める」か，年金を受給しても働く「年金＋給与」生活となります。

図表 2 − 5　老齢厚生年金の受給実態

年齢	受給者数	平均月額（基礎＋厚生）
60〜64歳	121万人	77,000円
65〜69歳	333万人	144,000円
70〜74歳	430万人	144,000円
75〜79歳	300万人	148,000円
80〜84歳	230万人	157,000円
85〜89歳	137万人	162,000円
90歳以上	75万人	160,000円

出所：『厚生労働白書（令和4年版）』から計算

図表 2 − 6　男女別の老齢厚生年金額の割合

老齢厚生年金額（基礎＋厚生）	男性	女性
5万円未満	1%	5%
5万円以上10万円未満	10%	43%
10万円以上15万円未満	25%	43%
15万円以上20万円未満	42%	8%
21万円以上25万円未満	20%	1%
25万円以上	2%	0.1%

出所：『厚生労働白書（令和4年版）』から計算

特別支給の老齢厚生年金
……手続きしないと大損に

あらかじめ一言。

65歳以上の人は,「特別支給の老齢厚生年金」は関係がありませんので,読まなくていいです。

（1） 別モノと認識してください

「通常の老齢厚生年金」と「特別支給の老齢厚生年金」は,別モノと認識したほうがわかりやすいと思います。

老齢厚生年金の受給額の原則公式は,

　　老齢厚生年金の年金額＝報酬比例部分＋経過的加算＋加給年金額

です。

この原則公式には「特別支給の老齢厚生年金」は存在しません。でも,老齢厚生年金の話には,「特別支給の老齢厚生年金」が頻繁に登場します。

「特別支給の老齢厚生年金」とは,一体,何なんでしょうか。

一言で言えば,老齢厚生年金の受給開始が60歳から65歳に引き上げられため,その移行をスムーズにするための経過的制度です。あと数年で終了します。

この「特別支給の老齢厚生年金」と「年金の繰上げ受給・繰下げ受給」とを勘違いしている人がいるようです。

「65歳以前から受給できる」という表面上は似ていますが,両者は,まったく関係がありません。

勘違い,あるいはボーっとして無関心,あるいは理解できないため「手続

きをしないと大損」になります。手続きを忘れて大損をしているかもと思ったら、必ず年金事務所で、「遡って受給できませんか？　５年間の時効があると聞いていますが」と尋ねましょう。

（2）　経過的制度です

　昭和60年（1985年）、平成６年（1994年）、平成12年（2000年）の法改正によって、老齢厚生年金の受給開始が60歳から65歳に引き上げられました。その移行をスムーズにするための経過的制度が「特別支給の老齢厚生年金」です。

　法改正の直後に、学校を卒業して初めて会社勤めする人は、最初から65歳から年金受給と決まっていますので問題はありません。でも、そのとき、55歳で、あと５年経てば60歳になって年金が受給できると生活設計していた人は、「そんな馬鹿な、60歳から年金をもらうために保険料を払ってきたのだ」という声が出ます。そうした人々のための「経過的制度」が「特別支給の老齢厚生年金」です。要するに、「65歳以前でも、老齢厚生年金」が受給できるという制度です。

　「特別支給の老齢厚生年金」の金額は、例えば、30年間厚生年金に加入していて、平均的給与の会社員で年間70〜90万円です。

　「特別支給の老齢厚生年金」を受給していて、65歳に達すると「通常の老齢厚生年金」に切り替わります。３ヵ月前に書類が届き、手続きが必要です。

　生年月日によって、受給開始時期が決まります。また、**図表２−７**、**図表２−８**のように、男女によっても異なります。男女差の理由は、昔は男女によって年金受給開始の年齢が異なっていたからです。年金受給開始の年齢が異なっていた理由は、昔々、あれやこれや…と長い昔話になりますので割愛します。

　法改正から、かれこれ40年近くが経過しました。あと数年で、この制度は終了します。「あと数年」とは、男性は2025年、女性は2030年に、「60歳から65歳への引上げ」が完成し、そのとき「特別支給の老齢厚生年金」は終了し

ます。年金改革は，とても長い時間が必要ということです。

　なお，図表2-7，図表2-8は，当初は，もっと行数が多かったのですが，歳月の経過により必要な行数が少なくなり，記載のようになりました。

　年金改革は，地道な計算と長い時間が必要ですが，最近の世情は，そうしたことよりも，「なにをノンビリやっているのだ。スピード・アップ」と騒ぎまくったほうが目立ち，人気がでるようです。「コツコツ地道に」の価値は低下したのかもしれません。

図表2-7　男性の「特別支給の老齢厚生年金」

男性の生年月日	受給年齢
昭和32年（1957年）4月2日〜 昭和34年（1959年）4月1日に生まれた男性	63歳，64歳 （65歳から通常の老齢厚生年金）
昭和34年（1959年）4月2日〜 昭和36年（1961年）4月1日に生まれた男性	64歳 （65歳から通常の老齢厚生年金）
昭和36年（1961年）4月2日以降に生まれた男性	なし （65歳から通常の老齢厚生年金）

出所：日本年金機構ホームページから作成

図表2-8　女性の「特別支給の老齢厚生年金」

女性の生年月日	受給年齢
昭和33年（1958年）4月2日〜 昭和35年（1960年）4月1日に生まれた女性	61歳，62歳，63歳，64歳 （65歳から通常の老齢厚生年金）
昭和35年（1960年）4月2日〜 昭和37年（1962年）4月1日に生まれた女性	62歳，63歳，64歳 （65歳から通常の老齢厚生年金）
昭和37年（1962年）4月2日〜 昭和39年（1964年）4月1日に生まれた女性	63歳，64歳 （65歳から通常の老齢厚生年金）
昭和39年（1964年）4月2日〜 昭和41年（1966年）4月1日に生まれた女性	64歳 （65歳から通常の老齢厚生年金）
昭和41年（1966年）4月2日以降に生まれた女性	なし （65歳から通常の老齢厚生年金）

出所：日本年金機構ホームページから作成

（3） 再整理

　ごちゃごちゃした話なので，再度言いますが，「通常の老齢厚生年金」と「特別支給の老齢厚生年金」とは，別モノと認識したほうがいいかもしれません。「特別支給の老齢厚生年金」を再整理します。

　①支給対象の要件

　　★生年月日

　　　男性…昭和36年（1961年）4月1日以前に生まれた人

　　　女性…昭和41年（1966年）4月1日以前に生まれた人

　　★厚生年金（旧共済年金も含む）に1年以上加入していた

　　★老齢基礎年金の受給資格期間（10年）がある

　　★受給年齢に達している

　②経過的制度

　　男性は2025年，女性は2030年に終了します。

　③60歳〜65歳まで受給

　　60歳から65歳になるまで，その間だけ受給できます。

　　「通常の老齢厚生年金」とは別モノと認識してください。

　④「特別支給の老齢厚生年金」の繰上げ・繰下げ受給

　　「特別支給の老齢厚生年金」は，繰上げ受給・繰下げ受給はできません。

　　「通常の老齢厚生年金」とは別モノと認識してください。

　⑤「特別支給の老齢厚生年金」を受給している場合

　　「通常の老齢厚生年金」の繰上げ受給はできません。「老齢基礎年金」と「老齢厚生年金」の繰上げ受給は，同時に請求するのが原則です。しかし，「特別支給の老齢厚生年金」を受給している人は，「通常の老齢厚生年金」の繰上げ受給はできませんが，「老齢基礎年金」のみの繰上げ受給はできます。

　⑥雇用保険の基本手当とダブる受給

　　雇用保険の基本手当とダブる受給はできません。

働きながら「特別支給の老齢厚生年金」を受給していて，失業した場合，雇用保険の基本手当（失業保険）とダブルでは受給できないので，金額が大きいほうを選択します。通常，基本手当（失業保険）のほうが金額が大きいです。

⑦在職老齢年金で支給停止も

この「在職老齢年金」は，「年金＋月給」が48万円を超えると，年金額が一部または全額支給停止，という制度です。本書の中心テーマの1つで，次の節で説明します。

⑧手続きして受給したほうが絶対にお得

「特別支給の老齢厚生年金」（65歳未満）の場合，減額されようが何であろうが，受給したほうが絶対にお得ですから，「年金額が減らされちゃった」とブツブツ言いながらも，忘れずに手続きしましょう。

一方，「通常の老齢厚生年金」の場合は，あれこれ考えなければならないことがあります。それについても，次の節で説明します。

4 在職老齢年金
…… 「48万円の壁」を突破する魔法はあった

（1）「48万円の壁」…稼ぐと年金が減額されてしまう

やっと，「在職老齢年金」にたどり着きました。

簡単に言いますと，厚生年金の被保険者の「年金＋給与」が48万円を超えると，超えた金額に応じて，老齢厚生年金が一部停止もしくは全額停止されます。

「48万円超」の数字が変化しましたので，**図表2-9**のように整理しました。この図表からも推測されるように，支給停止基準額は改正の焦点でした。「62万円説」「50万円説」もありました。

令和4年（2022年）3月までの「65歳未満の28万円超」は，誰もが低すぎると考えていました。「変だ，低すぎる」と私も含めて各方面から発言があったようですが，小難しい話なのでほとんど注目されませんでした。でも，あまりにも変な話なので，47万円に，そして48万円になりました。

それで，48万円がずっと固定されたままになるのかどうか。日本経済を真面目に考えれば，このテーマの議論は継続されます。

今後のことですが，令和6年（2024年）4月から，50万円に引き上げられる予定です。

図表2-9　在職老齢年金の支給停止基準額の変更

年齢	令和4年（2022年）3月まで	令和4年（2022年）4月から	令和5年（2023年）4月から	令和6年（2024年）4月から（予定）
65歳未満	28万円超	47万円超	48万円超	50万円超
65歳以上	47万円超	47万円超	48万円超	50万円超

出所：著者作成

「在職老齢年金」の中身に入る前に，2つ注意点を。

　1つ目は，これは「老齢厚生年金」の話であって，「老齢基礎年金」は関係ありませんので，混同しないでください。したがって，本節でいう「年金」とは「老齢厚生年金」のことです。

　2つ目は，「停止」という単語を錯覚して，「後で戻ってくる」と思い込んでいる人がいます。停止された金額は「後で戻ってきません」。

　本筋に戻って…，

　65歳から年金受給です。定年後も，同じ会社で，あるいは別の会社で働く人が大勢います。定年のない会社役員も，65歳以上も引き続き働くケースが多いです。「年金＋給与」が48万円を超える人は，大勢います。この48万円の壁を超えると，老齢厚生年金が一部停止もしくが全額停止されます。さあ，どうしようか？

　どれだけが支給停止額になるか。

　[(年金月額＋給与月額)　−48万円]　÷2

これが，1ヵ月当たりの支給停止額となります。

　専門用語を用いた正確な計算式は，次のとおりです。

[在職老齢年金による調整後の年金支給月額の計算式]

(在職老齢年金は，老齢厚生年金だけの話です。老齢基礎年金は関係ありません。)

在職老齢年金による調整後の年金支給月額＝

基本月額−　[(基本月額＋総報酬月額相当額)　−48万円]　÷2

※基本月額…加給年金額を除いた老齢厚生年金（報酬比例部分）の月額
※総報酬月額相当額…（その月の標準報酬月額）＋
　　　　　　　　　　（その月以前1年間の標準賞与額の合計）÷12

【モデル1】65歳, 老齢厚生年金10万円, 月給30万円

10万円＋30万円＝40万円

つまり, 「年金＋月給」が48万円以下です。

ということは, 老齢厚生年金は減額（調整）されません。

【モデル2】65歳, 老齢厚生年金10万円, 月給38万円

10万円＋38万円＝48万円

つまり, 「年金＋給与」が48万円です。

48万円を超えていないので, 老齢厚生年金額10万円は全額支給されます。

【モデル3】65歳, 老齢厚生年金10万円, 月給50万円

10万円＋50万円＝60万円

つまり, 「年金＋給与」が48万円をオーバーしています。

（10万＋50万円－48万円）÷2＝6万円

という計算で, 支給停止額（減額, 調整額）は6万円です。

老齢厚生年金の月額10万円は, 6万円減額されて月額4万円になってしまいます。

【モデル4】65歳, 老齢厚生年金10万円, 月給58万円

10万円＋58万円＝68万円

つまり, 「年金＋給与」が48万円をオーバーしています。

（10万円＋58万円－48万円）÷2＝10万円

という計算で, 支給停止額（減額, 調整額）は10万円です。

> 老齢厚生年金の月額10万円は，10万円減額されて0円です。つまり，
> 老齢厚生年金は全額停止となります。

（2） 繰下げ受給を選択…騙された感じを持つ

　前段の【モデル3】の人は，普通，次のように考えます。
　「老齢厚生年金が，10万円のはずが，一部停止になって4万円になってしまう。毎月，6万円も損をする。だったら，『年金の繰下げ受給』をしよう。老齢厚生年金だけでなく，老齢基礎年金（このモデル3の人は65歳で月額6万円と仮定）も繰り下げよう。70歳まで月収50万円で働いて，70歳に完全退職しよう。年金を繰下げすれば，70歳からの年金額が増加するはずだ」。
　そして，次の計算を思い描きます。
　5年間（＝60ヵ月）の繰下げ受給だから，0.7％×60ヵ月＝42％の計算で，年金は42％増加する。したがって，
　　老齢厚生年金10万円×1＋10万×0.42＝14万2,000円
になる。老齢基礎年金は，
　　6万円×1＋6万×0.42＝8万5,200円
になる。両方合わせて，22万7,200円の年金生活となる。

　しかし，この計算は間違いです。
　老齢基礎年金は在職老齢年金制度と関係ないので，繰下げの割増となり，思い描いたとおり，6万円が8万5,200円になります。
　しかし，でも…，
　老齢厚生年金の42％が増額になるのは，在職老齢年金として支払われたであろう4万円の部分だけなのです。
　　10万円×1＋4万円×0.42＝11万6,800円
という計算になります。
　老齢基礎年金と老齢厚生年金の両方合わせて，20万2,000円となります。

間違い計算…老齢基礎年金 8 万5,200円＋老齢厚生年金<u>14万2,000円</u>
正しい計算…老齢基礎年金 8 万5,200円＋老齢厚生年金<u>11万6,800円</u>

　【モデル 4 】の人も同じような間違い計算をしがちです。
　老齢基礎年金は，65歳のときに受給される金額に1.42を掛け算すればよいので間違いは生じません。
　要注意なのは，老齢厚生年金です。
　 5 年繰り下げるので，65歳に受給される10万円に1.42を掛け算して，70歳から14万2,000円を受け取れると計算しがちですが，これは間違いです。
　正しい計算は，在職老齢年金として支払われたであろう部分だけが42％増になるのですが，【モデル 4 】の在職老齢年金はゼロですから，ゼロに42％してもゼロです。したがって，増加せず10万円となります。
　14万2,000円受給されると思っていましたが，実は10万円だった，ということで，なんとなく，「騙された」と感じてしまいます。

　【モデル 3 】と【モデル 4 】の人は，次のように思いました。
　65歳のとき，「48万円の壁」にぶつかり，なんか「変な制度だな」と思いつつ繰下げ受給を選択した。70歳になって完全引退して年金を受給するようになったら，なんか「騙された」気分になった。「お上の命令，しかたがないと，あきらめる」。しかし，どこからも誰からも，「変じゃないか」の声が聞こえないのは，なぜだろうか。70歳になって，耳が遠くなったのかなぁ～。

（ 3 ）　48万円を超えそうな場合，どうするか

　稼いでも，年金が減らされてしまう。今まで保険料をいっぱい払ってきたのに，年金が減らされる。おかしい！変だ！イヤだイヤだ！と思っても，現制度はそうなっています。あきらめて，①年金の一部停止，全額停止を甘受する，②繰下げ受給を選択する，という以外に，何か手段はないか？
　そこで，武蔵は考えた。

一応，通常の対策としては，次の２つです。

１）会社と相談して，仕事を減らして月収を抑える

「48万円の壁」以外にも，収入・所得を減額したいと会社に相談する人はいます。例えば，都営住宅は所得制限があるので，勤務先と相談する人がいます。日給月給，アルバイト，パートなどの人は，容易に月収を抑えられますが，そうでない職場もあります。

あるいは，勤務先が新規に高齢者を雇用する場合，雇用先のほうから，「48万円の壁」を持ち出して，高齢者の月給を低く提示するケースも多くあります。大学などは，講師を新たに雇う場合，そうしたことが一般化しているようです。

２）厚生年金の被保険者ではない働き方をする

在職老齢年金の制度は，「厚生年金の被保険者」という条件があります。したがって，厚生年金がない働き方，例えば，自営業，フリーランスになってしまう。

なお，厚生年金のある会社でも，70歳を超えると「厚生年金の被保険者」でなくなります。しかし，在職老齢年金の制度は生き続けます。

（４） 会社役員は「48万円の壁」を突破できるかも

さらに，武蔵は考えた。

どうも，会社役員の場合，年収を減らさなくてもいい，そんな美味い話がありそうだ。

インターネット情報やら世間話を見聞きした際，会社役員の場合の美味しい話が，時として話題になります。会社役員の人は，大半が在職老齢年金制度のため老齢厚生年金が一部停止または全額停止になっています。それが，ある手法を選択すると，会社からいただく年収は変わらずに，年金が全額受

給できるようになる，というものです。

「そんな美味い話があるらしい」

「俺も小耳にはさんだ。役員報酬ナントカとか年金復活ナントカと呼んで
いるらしい」

「なんでも，月給を減らして，その分ボーナスを増やせばいいらしい。だ
から，年収は変わらない。年収は変わらないのに，年金を受給できる，
ということらしい」

この美味しい話の説明をします。

1) 鍵は「総報酬月額相当額」にあり

まず，「在職老齢年金による調整後の年金支給月額の計算式」を思い出し
てください。

[在職老齢年金による調整後の年金支給月額の計算式]

（在職老齢年金は，老齢厚生年金だけの話です。老齢基礎年金は関係ありません。）

**在職老齢年金による調整後の年金支給月額＝
基本月額－［（基本月額＋総報酬月額相当額）－48万円］÷2**

※基本月額…加給年金額を除いた老齢厚生年金（報酬比例部分）の月額
※総報酬月額相当額…（その月の標準報酬月額）＋
（その月以前1年間の標準賞与額の合計）÷12

この算数式から，年金の基本月額が15万円として，「総報酬月額相当額」
が小さくなるととどうなるか。65万円の場合と10万円の場合を見てみましょ
う。

①総報酬月額相当額が65万円の場合

　15万円－（15万円＋65万円－48万円）÷2＝△1万　　…**全額停止**

　念のため，この算数式を順に説明します。15万円＋65万円＝80万円。80万円は48万円以上なので，一部停止か全額停止です。80万円－48万円＝32万円。32万円÷2＝16万円。16万円が支給停止額です。年金の基本月額15万円よりも多いので，全額停止となります。

②総報酬月額相当額が10万円の場合

　「15万円＋10万円＝25万円」は，48万円よりも少ないので，年金は15万円満額支給されます。

　ポイントは，「総報酬月額相当額」を小さくすることです。
　そんなことできるのか？
　さらにさらに，武蔵は考えた。

2）「総報酬月額相当額」とは何か

「総報酬月額相当額」とは，

> 総報酬月額相当額＝（その月の標準報酬月額）＋（その月以前1年間の
> 標準賞与額の合計）÷12

です。
　したがって，「標準報酬月額」とは何か，「標準賞与額」とは何か，を知る必要があります。
　本書の最初の部分第1章「**1　複雑怪奇な年金制度を思い切って単純化した**」で書いたことですが，再度説明します。
　「標準報酬月額」とは，基本給に加えて，残業手当，通勤手当なども含ま

れます。大雑把に言えば，毎月の月給です。これが32等級に区分され，例えば，29万円以上31万円未満は19等級に該当して，標準報酬月額は30万円となります。最高は32等級で標準報酬月額は65万円です。月収が90万円でも65万円としてカウントされます。**図表1-6**を参考にしてください。

「標準賞与額」とは，いわゆるボーナスで，賞与（役員賞与を含む），期末手当，夏季手当，冬季手当，年末手当，もち代，年末一時金など，名称はさまざまです。受け取った賞与の額が標準賞与額になります。年3回以下の回数で支給されるものです。年4回以上の賞与は，「標準報酬月額」の対象となります。「標準賞与額」は，税引き前の賞与額から1千円未満を切り捨てた額です。支給1回につき150万円が上限です。

この「150万円が上限」を利用するのが，「総報酬月額相当額」を小さくする魔法のワザです。

3）年金全額停止から全額受給の魔法

数字を使用して説明してみましょう。A・Bコースとも，年収1,500万円とします。

【Aコース】月給100万円（標準報酬月額の最高は32等級65万円），ボーナス300万円の場合の総報酬月額相当額は，65万円＋150万円÷12＝77.5万円。

【Bコース】月給10万円，ボーナス1,380万円の場合の総報酬月額相当額は，10万円＋150万円÷12＝22.5万円。

【Aコース】も【Bコース】も年収1,500万円ですが，総報酬月額相当額は【Aコース】は77.5万円，【Bコース】は22.5万円と，違った数字になります。

それでは，老齢厚生年金の金額は，どうなるでしょうか。基本月額を15万円とします。

【Aコース】

「15万円＋77.5万円＝92.5万円」は，48万円をオーバーしています。
92.5万円÷2＝46.25万円で，15万円をオーバーしていますので，全額
支給停止です。一応，算数式を書いておきます。

　　15万円－（15万円＋77.5万円－48万円）÷2＝△7.25万円
よって，全額支給停止となります。

【Bコース】

「15万円＋22.5万円＝37.5万円」は，48万円以内です。よって，年金全
額15万円が受給できます。

　役員報酬の支払い方法で，年金全額停止から年金全額受給になってしまい
ます。まるで，魔法みたいですね。

4）役員報酬とは

　ここで，用語解説を。

　役員報酬には，3種類あります。

①定期同額給与

　役員報酬は，毎月50万円なら，毎月きっちり50万円支払います。3月は40
万円，4月は50万円というのは規則違反です。従業員の給与のように，毎月，
増減があってはいけません。

　税務署にとって役員報酬は重要注意項目であるため，会社は十分に注意し
なければなりません。さもないと，損金にならないどころか，48万円の計算
においてもダメになるかもしれません。

　①株主総会で決め，議事録に載せる。株主総会は決算後3ヵ月以内に召集
　　することになっていますが，税金の申告期限は決算後の2ヵ月以内なの

で, 事実上, 2ヵ月以内に株主総会を開きます。そこで, 役員報酬を決め, 議事録にしっかり載せる。

②金額が一定である。

③支給日も決める。

④同業他社や同規模他社と比較して, 不当に高額でない金額を設定する。
　どの金額から不当なのかは明確に線引きできません。世の中は, 「白黒はっきりしないグレーの部分がある」ものです。

②事前確定届出給与

役員のボーナス・賞与は, 平成18年（2006）年から, 事前に税務署に支払い時期と金額を申告するなどの規則に従えば, 損金になるようになりました。規則は, 前段の定期同額給与と同じようなものです。税務署へいつまでに届出書を出すのかで迷う人が多いようなので, くれぐれも確認してください。

なお, 未だに, 中小企業者の中には, 役員賞与は損金扱いにならない, と思い込んでいる人がいます。規則どおり行えば損金になります。

③業績連動給与

業績連動給与は, 当該事業年度に大儲けしたら特別に出します。日本の中小企業では, ほとんどありません。よって説明省略。

したがって, 役員報酬とは, 次のようになります。

役員の「標準報酬月額」…おおむね定期同額給与

役員の「標準賞与額」…おおむね事前確定届出給与

5）算数は簡単ですが

「年金全額受給の魔法」は, とても簡単な算数です。でも, なぜか, あまり流行っていないみたいです。いろいろな原因がありそうです。

①役員報酬の変更は, 事業年度始めに行い, 税務署への届出が必要。要するに, 手続きが面倒。

②会社役員でない従業員の場合は, 労働協約, 最低賃金法などのため, 事

実上実行できません。

③厚生年金保険，医療保険，雇用保険などの社会保険料も，年金受給と同じ理屈で安くなります。それだけを考えれば，めでたいことですが，厚生年金の保険料が安くなるということは，会社役員を引退して年金だけになったとき，受給年金額が減る可能性があります。他の社会保険関係（例えば，傷病手当金）でも，影響が出る可能性があります。

④社会保険料が安くなることは，所得税・住民税の社会保険料控除が減少し，所得税・住民税のアップになります。

　こうした理由もあるでしょうが，最大の理由は，「知られていない」ということかもしれません。知らないために，「そんな美味しい話には，きっと裏がある」「下手にやれば，日本年金機構からお小言をいただく。そうなれば，個人も会社も信用失墜」という感覚が強いのだろうと思います。

　それにしても，「年金＋給与」が48万円を超えると年金が減らされる，というのは，直観的に変だなぁ〜と思います。「高齢者も働こう」という声は満ち溢れていますが，「48万円の壁」があり，「高齢者はチョッとだけ働こう」に聞こえます。65歳は，社会の中心的立場の人が多いと思います。「48万円の壁」は，その中心的立場の人を，遠ざけようとしているのでしょうか。それは，社会の活力低下となります。

　実は，厚労省は，令和1年（2019年）の「財政検証」で「62万円」にアップする案を示し，62万円案の検討に入りました。しかし，高所得者優遇との批判が少々出たため，62万円案を50万円案に修正しましたが，あれやこれやで，48万円になったという経緯があります。

　とにかく，「48万円の壁」は変だ。せめて，もう少し，引き上げられたら……と思います。

第3章

得か？損か？
....
年金生活者支援給付金，
....
失業保険等と年金
....

年金生活者支援給付金……低年金の付録

（1） 詐欺師横行

　年金生活者支援給付金制度は，本来，年金ではないのですが，「年金の付録みたいなもの」として扱われ，日本年金機構が事務をしています。

　この制度は，低所得の高齢者・障害者への支援制度として，令和1年（2019年）10月からスタートしました。理由は，令和1年（2019年）10月から消費税が10%にアップしたので，生活が大変でしょう，というものです。

　詐欺師の二大ターゲットは，高齢者と障害者です。推理小説では，知能指数抜群の詐欺師が頭脳明晰な知恵者を騙す話が面白いのですが，現実の世の中は，詐欺師は高齢者と障害者を狙ううちにします。そして，「年金生活者支援給付金制度」は，詐欺の材料に利用されているようです。

　この制度を語る詐欺が横行している理由の1つは，なにぶん数年前にスタートしたばかりで，周知度が低い状況にあるということです。周知度が低い原因は，数年しか経っていないこと，それと，「消費税ケシカラン」の声にかき消されてしまったことがあります。「消費税ケシカラン」の声は大きいのですが，「消費税アップに際して，低年金者を支援するため給付金制度を創設」の声はささやかでした。そうしたことを言うと「消費税に賛成」と見られてしまいヤバイという感覚が広がったのでしょう。

　それに加えて，令和1年（2019年）に発生した新型コロナウイルス感染症が，令和2年（2020年）の春に日本で第1波の流行となり，それにともない，さまざまな○○給付金，△△支援金が続々と登場して，覚えきれないという状況もあります。

　そんなことで，多くの人の頭には「自分が知らない給付金，支援金があり

そうだ」がインプットされたようです。それに狙いを定めた詐欺師が，悪知恵でもって罠を仕掛けて……，というわけです。

　年金受給高齢者に「年金生活者支援給付金って知っていますか。死ぬまで，ズーっと毎月，５千円から１万円前後支給されますよ」と尋ねてみれば，間違いなく「知らない。ホント？」という返事になります。そうなれば，詐欺師にとって，美味しい鴨（かも）です。

　詐欺師のターゲットは高齢者と障害者です。気をつけてください。

　年金生活者支援給付金制度には３つあります。

　「老齢年金生活者支援給付金」「障害年金生活者支援給付金」「遺族年金生活者支援給付金」の３つです。

（2）　老齢年金生活者支援給付金

1）支給要件

①65歳以上の老齢基礎年金の受給者であること

②同一世帯の全員が住民税非課税であること

③前年の公的年金等の収入金額とその他の所得との合計額が，881,200円以下であること

　※障害年金・遺族年金等の非課税収入は含まれません。

　※781,200円を超え881,200円以下の人には，「補足的老齢年金生活者支援給付金」が支給されます。

2）給付額

　大雑把には，月額5,000円〜10,000円です。

　複雑な計算を要するため，誰も計算できませんが，一応，計算方法を書いておきます。

　保険料納付済期間に応じて計算され，次の①と②の合計額（月額）となります。「5,140円」と「11,041円」の数字は，毎年，変動し，下記は，令和5年4月からの数字です。

① 5,140円×保険料納付済期間／被保険者月数480月（40年間）

② 11,041円×保険料免除期間／被保険者月数480月（40年間）

例えば，納付済期間が240ヵ月，全額免除期間が240ヵ月の場合

① 5,140円×240／480＝2,570円

② 11,041円×240／480＝5,520円

合計　2,570円＋5,520円＝8,090円（月額）

①面倒な計算その1

昭和31年4月2日以後に生まれた人の11,041円の数字は，全額免除，4分の3免除，半額免除の場合です。4分の1免除の場合は5,520円となります。

②面倒な計算その2

昭和31年4月1日以前に生まれた人は，11,041円ではなく11,008円となります。5,520円も5,504円となります。

③面倒な計算その3

そして，（2）※で書きましたように，「781,200円を超え881,200円以下の人」には，「補足的老齢年金生活者支援給付金」が支給されます。その計算式は，次のものです。

$$
給付基準額（月5,140円）\times \left[\frac{保険料納付済期間}{被保険者月数480月} \right]
$$

$$
調整支給率
$$

$$
\times \frac{補足的老齢年金生活者支援給付金の上限額（881,200円）-前年の年金収入とその他の所得の合計額}{補足的老齢年金生活者支援給付金の上限額（881,200円）-老齢年金生活者支援給付金の上限額（781,200円）}
$$

出所：日本年金機構

３）受給方法

65歳になる３ヵ月前頃，老齢基礎年金の手続きの書類が届きます。同じ頃，老齢年金生活者支援給付金の請求書が届きます。それに記入して提出します。

年金支給日と同じ日に，老齢基礎年金とは別に振り込まれます。

手続き方法，受給方法は簡単ですが，制度の説明，受給額の計算はとても難しい。そこが詐欺師の狙い目かも知れません。

（３）　障害基礎年金生活者支援給付金

１）支給要件

①障害基礎年金の受給者であること

②前年の所得が4,721,000円以下であること

※障害年金など非課税収入は，所得に含みません。

※4,721,000円は扶養親族などの数に応じて増額。

２）給付額

障害等級が２級の人…5,140円（月額）

障害等級が１級の人…6,425円（月額）

（４）　遺族年金生活者支援給付金

１）支給要件

①遺族年金の受給者であること

②前年の所得が4,721,000円以下であること

※遺族年金など非課税収入は，所得に含みません。

※4,721,000円は扶養親族などの数に応じて増額。

２）給付額

5,140円（月額）

※２人以上の子が遺族基礎年金を受給している場合は，5,140円を子供の数で割った金額が，それぞれに支払われます。

失業保険・高年齢雇用継続給付と年金
……高額を選択

図表3-1 雇用保険の給付一覧

分 類	名 称	
求職者給付	基本手当（失業保険）	
	技能習得手当	受講手当，通所手当
	寄宿手当	
	傷病手当	
	高年齢求職者給付金	
	特例一時金	
	日雇労働者給付金	
就業促進給付	就業促進手当	再就職手当，就業促進定着手当 就業手当，常用就職支度手当
	移転費	移転料，着後手当
	求職活動支援費	広域就職活動費，短期訓練受講費 求職活動関係役務利用費
教育訓練給付	教育訓練給付金	一般教育訓練給付金 専門実践教育訓練給付金 教育訓練支援給付金
雇用継続給付	高年齢雇用継続給付	高年齢雇用継続基本給付金 高年齢再就職給付金
	育児休業給付	
	介護休業給付	
職業訓練受講給付	職業訓練受講給付金	

※雇用保険の「傷病手当」と医療保険の「傷病手当金」は別の制度です。医療保険の1つである国民健康保険には「傷病手当金」はありません。ただ，新型コロナの時だけは特例的にありました。
出所：厚生労働省ホームページから作成

（1） 基本手当（失業保険）と年金

1）「基本手当（失業保険）」と「老齢厚生年金」は併給されない

あらかじめ，「基本手当（失業保険）」の基礎知識を一言。

「基本手当（失業保険）」は64歳までです。65歳からは，「高年齢求職者給付金」になります。この区別をしっかり押さえてください。したがって，「基本手当（失業保険）と年金」の話は，64歳までのことなので，ここでの「老齢厚生年金」とは「特別支給の老齢厚生年金」と「繰上げ受給の老齢厚生年金」を意味します。

64歳以下の年金受給者が，ハローワークで求職の申込みをすると，翌月から年金は停止します。

あっさり言って，失業したときの雇用保険の「基本手当（失業保険）と年金」は，「両方同時には支給されませんよ。片方だけですよ」ということです。当然と言えば当然かもしれません。金額が高いほうを選択したほうがいいです。通常は，基本手当（失業保険）のほうが高い金額です。

前述したように，65歳以上の人が失業した場合は，「基本手当（失業保険）」ではなく「高年齢求職者給付金」となります。「高年齢求職者給付金」の中身は，「基本手当（失業保険）」に比べて低水準となっています。しかし，65歳以上なので，通常の老齢厚生年金も受給できます。「高年齢求職者給付金」と「通常の老齢厚生年金」は併給されます。

なお，たまに基本手当と年金が両方支給されるような話や文章がありますが，よくよく聞き，しっかり読めば，「基本手当（失業保険）以外の雇用保険給付，例えば高年齢求職者給付金」と「年金」のケース，あるいは「基本手当（失業保険）」と「年金」の時間差利用のケースです。雇用保険制度と年金制度にまたがるごちゃごちゃした話なので，**図表3-2**に整理しました。

失業あるいは退職という人生の大事件に際して，こうしたごちゃごちゃ制度に関わってしまうと，もう大変です。面倒でも，ハローワークと年金事務所の両方に相談に行くのがベストです。

２）併給の是非

前述したように，「失業したときの雇用保険の基本手当（失業保険)」と「年金」は，両方同時に支給されません，つまり「併給NO」が原則です。でも，政府は一度，「併給の是非」を研究・検討すべきではなかろうか。

「特別支給の老齢厚生年金」は経過的制度なので，男性は2025年，女性は2030年になくなりますから，今のままでかまいません。でも，「繰上げ受給の老齢厚生年金」は，今後もズッと存続する制度です。それに，「繰上げ」を実行している人は，経済的ピンチだから「繰上げ」していると想像します。その人が，失業・退職になってしまった。まさに，経済的大ピンチであります。

それに，多くの場合，失業給付の受給期間が経過した日以降に年金の「事後精算」が行われ，さかのぼって年金が支払われるため，実際に年金が削られるのは２〜４ヵ月分だけ，というのが実態ではなかろうか。巨大な年金財政からすれば，ささやかな財源を要するだけと思います。

さらに言えば，日本の労働事情からすれば，「高齢者も働く」ことが求められています。３つの困難，例えば失業，借金苦，家庭不和が重なると精神疾患に陥りやすい，と言われます。「併給NO」による経済的大ピンチからノイローゼになって労働能力不可になっては，元も子もありません。あれやこれやの理由で，「併給NO」から「併給YES」へ転換することは，一考に値するのではないでしょうか。

図表3-2　雇用保険給付と年金の関係

雇用保険給付と年金	受給は片方か両方か
基本手当（失業保険）と特別支給の老齢厚生年金	片方だけ
基本手当（失業保険）と老齢厚生年金（繰上げ）	片方だけ。老齢基礎年金は別
高年齢雇用継続給付と特別支給の老齢厚生年金	併給可。ただし，年金減額
高年齢雇用継続給付と老齢厚生年金（繰上げ）	併給可。ただし，年金減額
基本手当（失業保険）と65歳からの老齢年金	退職時期を若干前倒しして65歳から基本手当を受けると併用可
高年齢求職者給付金と老齢年金	併給可
基本手当（失業保険）と障害年金，遺族年金	併給可

出所：著者作成

（2）　高年齢雇用継続給付と年金

1）高年齢雇用継続給付の目的は，定年65歳への引上げ

　大雑把に言えば，「高齢のゆえに賃金が低下したら，雇用保険から給付金が支給される」ということです。

　雇用保険の給付一覧（**図表3-1**）を眺めますと，「高年齢雇用継続給付」には，「高年齢雇用継続基本給付金」と「高年齢再就職給付金」の2つがあり，さらに似たような響きの「高年齢求職者給付金」「就業促進手当」「再就職手当」などがあります。

　「高年齢求職者給付金」について，繰り返し一言。失業した場合，64歳までは「基本手当（失業保険）」で，65歳以上は「高年齢求職者給付金」となります。基本手当に比べ内容は低水準になっています。ただし，年金との併給は大丈夫です。

　雇用保険には，似たような紛らわしい単語がたくさんあります。うっかり間違えて給付を受けたりすると厳しく叱られますので，ハローワークでしっかり正確に聞いてください。

　ここでの話は，高年齢雇用継続給付です。

　この制度は，会社員の定年を60歳から65歳へ引き上げるため設けられまし

た。目的がほぼ達成されましたので，この制度は，段階的縮小・廃止が決まっています。2025年度に60歳に達する人から給付率を半減させ，その後，廃止ということです。

そして，令和3年（2021年）4月からは，就労年齢を70歳まで引き上げる「改正高年齢者雇用促進法」が施行されました。この改正法は努力義務となっているだけで，具体的支援策は不明です。

2）高年齢雇用継続給付の内容

①受給要件

　　①60歳〜65歳未満

　　②雇用保険に5年以上加入

　　③賃金が，60歳の賃金に比べて75％未満に低下

②2つの給付金の違い

　　高年齢雇用継続基本給付金…60歳から継続して働いている。基本手当
　　　　　　　　　　　　　　　（失業保険）を受給していない。

　　高年齢再就職給付金…一度退職して，基本手当（失業保険）を受給した
　　　　　　　　　　　　　後，再就職した。

③支給率

60歳時の賃金に対して，現在の賃金が75％未満に下げられていると，給付金が支給されます。

支給率の上限は，15％です。なお，2025年4月から10％へ上限が引き下げられる予定です。

　①現在の賃金が60歳時の61％以下になった場合

　　　支給額＝現在の賃金×15％

　②現在の賃金が60歳時の61％超75％未満になった場合

　　　支給額＝現在の賃金×支給率

　　　ただし，**図表3−3**の早見表を持ち合わせていないなど，支給率がわからない場合は，次の計算式で求めます。

$$支給額 = -\frac{183}{280} \times 現在の賃金 + \frac{137.25}{280} \times 60歳時の賃金$$

③現在の賃金が60歳時の75％以上になった場合

　　支給なし。

なお，次の点も注意が必要です。

　下記の数字は令和5年8月1日以後の数字です。毎年，8月1日に変わります。

- 支給額上限…370,452円
- 支給額加減…　2,196円

賃金が支給額上限よりも多い場合は，高年齢雇用継続給付金は支給されません。また，賃金と高年齢雇用継続給付金の合計が支給額上限を超える場合は，「支給額＝370,452円－賃金」となります。

　60歳時の賃金計算において，上限額と下限額が決まっています。上限額以上の人は上限額を用います。下限額未満の人は下限額を用います。

- 上限額…486,300円
- 下限額… 82,380円

忘れがちですが，高年齢雇用継続給付金と合わせて，雇用保険給付の「介護休業給付」「育児休業給付」を併用できるケースがあります。

まあ，ごちゃごちゃした制度なので，簡単なモデルで説明します。

【モデルAの前編の話】

　60歳時点で賃金が月額35万円の人が，20万円に下がり，60歳時の57％になってしまった。すると，20万円の15％，すなわち3万円が「高年齢雇用継続給付」として雇用保険から支払われます。

ここまでの【モデルA】の話なら簡単ですが，これに年金が絡むと複雑になります。

高年齢雇用継続給付の給付金の早見表

低下率 （現在の賃金が60歳時賃金の何%か）	支給率 （現在の賃金に対して支給される%）
75.00%以上	0.00%
74.50%	0.44%
74.00%	0.88%
73.50%	1.33%
73.00%	1.79%
72.50%	2.25%
72.00%	2.72%
71.50%	3.20%
71.00%	3.68%
70.50%	4.17%
70.00%	4.67%
69.50%	5.17%
69.00%	5.68%
68.50%	6.20%
68.00%	6.73%
67.50%	7.26%
67.00%	7.80%
66.50%	8.35%
66.00%	8.91%
65.50%	9.48%
65.00%	10.05%
64.50%	10.64%
64.00%	11.23%
63.50%	11.84%
63.00%	12.45%
62.50%	13.07%
62.00%	13.70%
61.50%	14.35%
61.00%以下	15.00%

※早見表なので，例えば74.23%の場合は省略してあります。
出所：厚生労働省ホームページ

3）年金はいくら減額されてしまうのか

60歳以上65歳未満の人の年金には，「繰上げ受給」と「特別支給の老齢厚生年金」の2種類のケースがあります。

高年齢雇用継続給付にともなう年金の支給停止割合の早見表は，**図表3-4**です。

図表3-4 　高年齢雇用継続給付にともなう年金の支給停止割合の早見表

低下率 （現在の賃金が60歳時賃金の何%か）	年金の支給停止割合 （基準は標準報酬月額）
75.00%以上	0.00%
74.00%	0.35%
73.00%	0.72%
72.00%	1.09%
71.00%	1.47%
70.00%	1.87%
69.00%	2.27%
68.00%	2.69%
67.00%	3.12%
66.00%	3.56%
65.00%	4.02%
64.00%	4.49%
63.00%	4.98%
62.00%	5.48%
61.00%以下	6.00%

※早見表なので，例えば74.23%の場合は省略してあります。
出所：著者作成

支給停止割合の計算式は，次のとおりです。よくもまあ，こうした複雑な式を考え出したものです。

$$支給停止割合 = (-183 \times 低下率 + 13{,}725) \div 280 \times 100$$
$$\div 低下率 \times 6 \div 15$$

賃金が低下した。気の毒だから給付金を支給します。でも，年金を減らします。国家の政策は，「良い面」と「悪い面」がセットで実行されがちです。

【モデルA後編の話】
　この人が年金（「特別支給の老齢厚生年金」）を月額10万円受給しています。すると，「賃金低下率が61％以下である場合…年金の支給停止割合は6％」なので，「10万円×6％＝6,000円」の計算で，6,000円が支給停止となります。つまり，年金額は94,000円になります。

なんか変だな〜。【モデルA】は，あっちで3万円もらって，こっちで12,000円削られて，面倒くさいことですなぁ〜。
　さらに言えば，この人の場合，「年金月額＋月収」が48万円以下なので関係ありませんが，48万円超の場合は「在職老齢年金」制度で年金額が削られます。

　過去のことですが，令和4年（2022年）3月までは，60歳以上65歳未満の「在職老齢年金」制度の支給停止基準額は，48万円ではなく28万円でした。したがって，それまでは，「高年齢雇用継続給付で年金が減額」「在職老齢年金で年金減額」というダブルパンチで，「給付金」を受給しても，プラス・マイナスがトントンということがザラにありました。

ダブルパンチをくらっても，シニア層は静かでした。なんか変だなぁ～，なんか騙されているのかなぁ～と思いつつも静かでした。シニア層は，おとなしいということか…。複雑な制度が絡み合っていて，さっぱりわからない，わからないから黙っていたということか…。

　間違うといけないので，念のため。令和４年度は，60歳以上65歳未満も，65歳以上も，47万円になり，令和５年度からは48万円になりました。28万円は過去の話です。

BREAK TIME

わからないままデジタル化しても

　あちらこちらから，ボヤキ声が聞こえてきます。会社の給与担当者は，役所への手続きやら給与計算で事務量が増えて大変だ〜とぼやいています。

　60歳代で失業した人は，雇用保険と年金とが，ごちゃごちゃ絡んで，わかったような気もしますが，やはりわかりません〜と嘆いています。

　労働組合の役員は，高年齢（60歳代）の失業者のために，いろいろ考えて仕組みをつくったことはわかります，と一応の賛意を示します。でも，普通の労働者にも自分にも，理解できない仕組みには，漠然たる不信感が残ります，と付け加えました。

　私は思うのですが，昨今はデジタル化一辺倒ですが，理解不能で不信感が横たわっている制度・仕組みをそのままにしてデジタル化を推進しても，不信感解消にはなりません。まずは，制度・仕組みの簡素化じゃないのかなぁ〜。

第 **4** 章

知らないと損！
⋯⋯⋯⋯⋯⋯⋯⋯⋯⋯
最強の家計防衛は
⋯⋯⋯⋯⋯⋯⋯⋯⋯⋯
「住民税非課税」の優遇措置
⋯⋯⋯⋯⋯⋯⋯⋯⋯⋯

家計防衛の最強武器「住民税非課税」
……誰も言わない

（1） 誰も言わない

　第2章の「年金はいくらもらえる？年金＋給与≦48万円の壁を突破する」は，中所得層，高所得層が対象の家計防衛策を睨んだ，年金のお話です。

　第4章の「知らないと損！最強の家計防衛策は「住民税非課税」の優遇措置」と第5章「年金＋給与で住民税非課税限度額の壁を突破する」は，低所得層の家計防衛策です。ここでの主役「住民税非課税制度」は，低所得者層にとって家計防衛の最強武器です。でも，誰も言わない，誰も語らない，誰も知らせない。不思議なことです。

　難しい内容なので伝わらないという先入観が強いのかな。

　理由はともかく，低所得者層にとって，家計防衛の最強武器である住民税非課税制度の周知は絶対に必要だと思います。

　例えば，年金収入が月額6万円の高齢者は，それだけでは生活できないので，アルバイト・パートで稼ぎます。つまり「年金＋給与」となります。給与が多すぎると，住民税非課税限度額を突破して，各種の優遇措置の恩恵が享受できなくなってしまいます。しかし，どこまで稼いでよいのか，さっぱりわかりません。

　家計防衛のためには，「どれだけ稼ぐか」を正確に知る必要があります。でもわからない。「パート妻の103万円の壁」「パート妻の106万円の壁」よりもはるかに重要ですが，誰も言わない。わからないから，家計困難のままとなります。

（2） 住民税非課税は生活保護よりも上なのに

　住民税非課税者（世帯）は，低所得者であるが，生活保護者よりは「少し上」の年収，という感じです。そのイメージは正しいのですが，実際に計算してみると，住民税非課税の基準は生活保護基準額よりも下になっています。誰も指摘しない，どこの団体からも声が上がらない。なぜだろうか。そもそも，住民税非課税に関して，誰も言わない，誰も語らない，誰も知らせない。不思議な話です。

　住民税非課税と生活保護の比較は，第6章で説明します。

（3） 全世帯数の4分の1

　「住民税非課税世帯なんて，ほんのわずかな数だろう」という声を耳にします。驚くことなかれ，日本の全世帯数の4分の1は，住民税非課税世帯です。

　日本の総人口は？　これはわかっています。

　日本の総世帯数は？　これもわかっています。

　日本の住民税非課税世帯数は？

　これは従来，わかりませんでした。役所は，住民税非課税者の数（個人の数）はわかっていましたが，住民税非課税世帯の数（世帯の数）はわかっていませんでした。学者の推計値しかありませんでした。

　令和3年（2021年），政府は，新型コロナ感染症対策の一環として，「住民税非課税世帯に10万円給付」を発表しました。私はとても心配しました。役所は住民税非課税の個人は掌握していますが，住民税非課税の世帯を掌握していないからです。住民税非課税世帯の数も，どこのどの世帯が非課税世帯なのかもわからない。わからないのに，どうやって給付するのだろうか，と大変心配しました。

　まあ，しかし，私の杞憂でした。

　役所の「住民税のデータ」のコンピュータと「住民票のデータ」のコン

ピュータをドッキングすれば，どこのどの世帯が住民税非課税世帯か容易に
わかるのでした。

　そして，わかったのが，日本の総世帯数約5,700万世帯，そのうちの４分
の１，すなわち約1,400万世帯が住民税非課税世帯ということです。

　住民税非課税世帯は，単に「住民税を払わなくていい」だけでなく，もの
すごくたくさんの優遇措置がとられています。

　第３章の**1**で述べた「老齢年金生活者支援給付金」も，その支給要件は，
住民税非課税世帯です。これは，たくさんの優遇措置のほんの一例です。優
遇措置の概要は，後に紹介しますので，それまで，楽しみに待っていてくだ
さい。

　４分の１という膨大な数の住民税非課税世帯が実際に存在している。この
ことから，非課税世帯になるか・ならないか，ギリギリのところにいる世帯
がいっぱいある，ということが推測されます。非課税世帯になれば優遇措置
がドッサリでにっこりです。でも，ほんの少し収入・所得がオーバーしてい
るがために優遇措置が受けられずに泣いている人が大勢いるのではないか。
天国と地獄の差は，ほんの少々の収入・所得のオーバーが原因なのです。

　ほんの少々の収入・所得を減らせば非課税世帯になり，優遇措置ドッサリ
になるならば，そのほうがよい。そのことが，住民税非課税制度が，低所得
者層にとって家計防衛の最強武器である理由です。

（4）　日本の行政の２つの根幹ライン

　とりあえず，面倒くさい話を少々します。

　私は，日本の行政の根幹には２つのラインがある，と考えています。

　　所得税—住民税のライン

　　戸　　籍—住民票のライン

　住民税非課税世帯は，この２つの根幹ラインに関わっています。住民税非
課税世帯を知ることは，日本の行政の根幹を知るということです。でも，誰
も住民税非課税を言わない，語らない，知らせない。

（5） 所得税―住民税のライン

1）所得税の4段階構造（5段階構造）

　住民税を知るためには，所得税の基礎知識が必要です。所得税は4段階構造（5段階構造）になっています。

　第1段階：収入－必要経費＝所得（給与所得・事業所得など10種類）
　第2段階：所得－所得控除（扶養控除など14種類）＝課税所得
　第3段階：課税所得×税率＝所得税額
　第4段階：所得税額－税額控除（住宅ローン控除など）＝所得税納税額
　第5段階：所得税納税額×1.021＝所得税納税額＋東日本大震災復興特別
　　　　　　　　　　　　　　所得税

　とりあえず，絶対に覚えてほしいのは，「収入と所得は違う」「収入から必要経費を引き算したのが所得」「給与所得の場合，必要経費＝給与所得控除」ということです。とにかく，「収入と所得は違う」「収入と所得は違う」「収入と所得は違う」，これは絶対に頭に叩き込んでください。

2）住民税

★所得税は国税です。住民税は地方税です。
★住民税とは，市町村民税個人分と都道府県民税個人分をいいます。神奈川県横浜市民であれば，「横浜市民税」と「神奈川県民税」です。東京都杉並区民であれば，「杉並区民税」と「東京都民税」です。
★住民税は，「均等割」と「所得割」から成り立っています。均等割は一定額で，所得税にはありません。所得割の計算方法は所得税とほぼ同じです。
★「住民税非課税制度」とは，その名のとおり，住民税だけの制度で，所得税にはありません。

思い出話です。

政令指定都市が「市民税8％＋道府県民税2％」になったのは平成30年（2018年）からです。「道府県から市への自治権拡充」で非常に意義ある改革でしたが，市民にとっては同じ10％ということもあって，さほど注目されませんでした。

逆に，「市の権限を府へ移す」という自治権拡充の逆コースである「大阪都構想」は脚光を浴びました。「犬が人を嚙みついてもニュースにならないが，人が犬に嚙みつけばニュースになる」ということか。「市民・住民にとって意義ある政策よりも，何でもいいから目立てばいい」という風潮が，ものすごく強くなっていると感じました。

図表4-1 住民税の税率

		市町村民税	都道府県民税
普通の市町村および東京23区	所得割（標準税率）	6％	4％
	均等割（標準税率）	3,500円	1,500円
政令指定都市	所得割（標準税率）	8％	2％
	均等割（標準税率）	3,500円	1,500円

出所：著者作成

（6） 戸籍─住民票のライン

日本人にとっては，「戸籍─住民票」は空気みたい存在です。でも，これは日本だけの制度で，日本以外の国は，「住民票に似たようなもの」があるに過ぎません。

戸籍謄本…身分（夫婦・親子）が基本です。
住民票……住所が基本で，「世帯」が書いてあります。

住民税非課税世帯の「世帯」って，何だろうか。

①同一住所

②生計を共にする

この2つの要件を満たすのが「世帯」です。

したがって，夫婦仲が良くても，夫が単身赴任で住所を異にすれば，別世帯です。

あるいは，昔は多かったのですが，住み込みの女中さん・丁稚さんは，「同一住所，生計を共にする」ので，親族でなくても同一世帯でした。

親子兄弟が同居していても，生計を別にしていれば，別世帯です。

親族ではないが，とても仲良しで同居して生計が共になっていれば，同一世帯です。

とりあえず，重大な用語なので，ぼんやりでもいいですから知ってほしいことがあります。第2章の「2　老齢厚生年金の受給額」の（4）でも記述したことです

「生計を共にする」…住民票の「世帯」で使用。

「生計を一にする」…所得税・住民税の「扶養控除」で使用。

「生計を維持されている」…老齢厚生年金の「加給年金」で使用。

この3つは似たような響きですが，意味が異なりますので用心してください。

図表4-2　世帯数（令和2年）

（単位：万）

総　数	親族のみの世帯						非親族を含む世帯	単独世帯
	計	核家族世帯				核家族以外の世帯		
		夫婦のみ	夫婦と子供	男親と子供	女親と子供			
5,570	3,390	1,120	1,400	70	430	380	50	2,120

出所：日本の統計2023から作成

（7） 個人と世帯

　日本は個人主義が原則ですが，日本の行政には，いたるところに「世帯」が入り込んでいます。したがって，個人の話なのか世帯の話なのか，意識して役所の文書を読んでください。

　住民税非課税制度でも意識してください。例えば，夫婦2人世帯で，夫は年収500万円，妻は年収0円のケース。夫は住民税課税者で，妻は住民税非課税者です。世帯となると，住民税課税世帯となります。

　それから，私の造語ですが，「変則的な世帯」もいろいろな場面で登場します。例えば，「世帯」と言いながら，「本人と本人の配偶者と世帯主」だけの場合もあります。それ以外にも，「変則的な世帯」の中身は，変化して登場します。

　今後，日本で暮らす外国人がドンドン増えます。日本人も国内と外国との二重生活の人も増えます。マイナンバーの件もあります。日本行政の根幹である，「戸籍―住民票ライン」はどうなっていくのでしょうか。

BREAK TIME

ごちゃごちゃ制度の森林環境税

　森林環境税について一言。

　森林環境税は国税です。しかし，その徴収方法は，地方税たる住民税個人分への上乗せです。住民の感覚としては，住民税の増税となります。事実上，国税を住民税（地方税）として徴収するという，「国税と地方税をごちゃごちゃにした制度」です。国会議員は，市町村・都道府県は国の単なる下請け機関という感覚が強いので，こうした変な税制度を平気で創設したのでしょう。令和6年（2024年）1月1日から施行されます。

　施行されると，住民税の増税と感じ，反対の声が出るかもしれません。

　なお，広大な森林を有する市町村には，森林環境税から森林維持のためたくさんのお金が配分されます。でも，広大な森林を有する市町村は人口が少ない。そして，林業従事者が不足しています。配分されたお金を使いきれない，と心配されています。税金は取ったが使いきれない，という馬鹿な事態が発生しかねません。

2 介護保険の優遇措置
……特養では，なんと年間100万円の優遇

　日本の福祉制度の大原則は，収入・所得が大きい人はたくさん支払う，収入・所得が小さい人は少ない支払いでよい，というものです。

　さらに，住民税非課税になると，住民税が非課税になるだけでなく，いろいろな優遇措置がドッサリあります。細かく書き出すと，おそらく数十になると思います。この本では，私が気づいた主なものだけを列記します。最初は，介護保険の優遇措置の説明です。

（1）　保険料が安くなります

　65歳以上（第1号被保険者）の保険料は，収入・所得に応じて年額約2万円〜20数万円です。**図表4−3**は東京都杉並区のものですが，どこの市町村でも類似の保険料となっています。

　図表4−3を見れば，第1〜3段階は「世帯全員が住民税非課税」，つまり，「住民税非課税世帯」です。

　第4〜5段階は，「本人が住民税非課税で他の世帯員が住民税課税」です。これは，「本人は住民税非課税者」ですが，「世帯の中に住民税課税者がいる」，つまり，「住民税課税世帯」です。

　要するに，個人なり世帯なり，住民税が非課税であれば保険料は安くなっています。

　それから，図表4−3には，「収入」と「所得」という単語が入り混じっています。また，「課税年金」という単語もありますので，簡単に説明します。

　まず，「収入」と「所得」ですが，**1（5）1）**で「所得税の4段階構造（5段階構造）」を記述しました。その第1段階は「収入−必要経費＝所得

（給与所得・事業所得など10種類）」と書きました。その「収入」と「所得」です。「合計所得」とは，複数の所得がある場合，足し算した額という意味です。

「課税年金」とは，「課税されない年金」があるということです。「障害年金」「遺族年金」は「課税されない年金」です。

なお，図表4-3を読むに際して，いろいろな専門的注釈を加えるべきなのですが，とても大変なので，「※合計所得金額とは」に留めます。「※合計所得金額とは」の①～⑤は，税の専門家または税に非常に関心のある人しかわかりません。わからなくても，悩む必要はありません。

図表4-3　65歳以上（第1号被保険者）の介護保険料（杉並区，令和4年度）

段　階	対象者	保険料年額
第1段階 基準年額×0.30	●生活保護受給者 ●世帯全員（1人世帯を含む）が住民税非課税で本人が老齢福祉年金受給の方または本人の合計所得金額と課税年金収入額の合計が80万円以下の方	年22,440円
第2段階 基準年額×0.40	世帯全員（1人世帯を含む）が住民税非課税で本人の合計所得金額と課税年金収入額の合計が80万円を超え，120万円以下の方	年30,000円
第3段階 基準年額×0.73	世帯全員（1人世帯を含む）が住民税非課税で本人の合計所得金額と課税年金収入額の合計が120万円を超える方	年54,480円
第4段階 基準年額×0.85	本人が住民税非課税で他の世帯員が住民税課税であり，本人の合計所得金額と課税年金収入額の合計が80万円以下の方	年63,000円
第5段階 基準年額	本人が住民税非課税で他の世帯員が住民税課税であり，本人の合計所得金額と課税年金収入額の合計額が80万円を超える方	年74,400円
第6段階 基準年額×1.06	本人が住民税課税の方 （合計所得金額125万円未満）	年78,600円
第7段階 基準年額×1.19	本人が住民税課税の方 （合計所得金額125万円以上210万円未満）	年88,800円

第8〜13段階 記載省略	記載省略	記載省略
第14段階 基準年額×3.00	本人が住民税課税の方 （合計所得金額2,500万円以上）	年223,200円

出所：杉並区介護保険利用者ガイドブックより作成

※合計所得金額とは,

①先に, 1の「（5）所得税―住民税のライン」のところで記載した「第1段階　収入－必要経費＝所得（給与所得・事業所得など10種類）」の各所得の合計です。

②繰越損失がある場合は, 繰越控除前の金額。

③短期・長期譲渡所得がある場合は, 特別控除額を差し引いた金額。

④第1〜5段階の「合計所得金額」は,「公的年金に係る雑所得」を差し引いた金額。

⑤合計所得金額に「給与所得」または「公的年金に係る雑所得」が含まれている場合には, 給与所得金額および公的年金等所得の合計額から10万円を差し引いた金額。第1〜5段階の方は, 合計所得金額に給与所得が含まれている場合は, 当該所得金額（給与所得と年金所得の双方を有するほうに対する所得金額調整控除の適用を受けている方は, 所得金額調整控除適用前の金額）から10万円を控除します。

（2）　介護サービスを利用したときの利用者負担が1割

65歳以上（第1号被保険者）が介護サービスを利用したとき, サービス費用の1割〜3割を支払います。利用者本人が住民税非課税者の場合は1割負担です。

①本人が住民税非課税者または生活保護受給者…1割負担

②本人が住民税課税者

　　本人の合計所得金額が160万円未満…1割負担

　　本人の合計所得金額が160万円以上220万円未満…1割または2割負担

　　本人の合計所得金額が220万円以上…1割または2割または3割負担

（3）　高額介護サービス費での優遇措置

介護サービスを利用したときの利用者負担が, 住民税非課税者は1割に抑えられているのですが, 1割でも積もれば多額になります。また, サービス利用者が複数人いる場合は多額になります。そのため, 同じ月に一定額を超

えれば，超えた分が「高額介護サービス費」として後日支給されます。

　自己負担上限額は，**図表4-4**のように，住民税非課税世帯・個人は，低額に抑えられています。どの市町村も図表4-4と同じです。

　なお，図表4-4の①～③の課税所得は，65歳以上の方で高いほうの課税所得で判定されます。

　また，遺族年金と障害年金は課税所得ではありません。

　少々，用語説明を加えます。

　図表4-4には，「課税所得」という単語があります。繰り返しですが，**1（5）1）**の「所得税の4段階構造（5段階構造）」において，次のように記しました。第2段階で導き出されるのが「課税所得」です。

　第1段階：収入－必要経費＝所得（給与所得・事業所得など10種類）

　第2段階：所得－所得控除（扶養控除など14種類）＝課税所得

　第3段階：課税所得×税率＝所得税額

　第4段階：所得税額－税額控除（住宅ローン控除など）＝所得税納税額

　第5段階：所得税納税額×1.021＝所得税納税額＋東日本大震災復興特別
　　　　　　　　　　　　　　所得税

図表4-4　　**介護サービス費1ヵ月の自己負担上限額**

所得区分		負担上限額（月額）
課税所得690万円以上	①	世帯140,100円
課税所得380万円以上690万円未満	②	世帯 93,000円
課税所得145万円以下380万円未満	③	世帯 44,400円
一般世帯（住民税課税世帯）		世帯 44,400円
住民税非課税世帯		世帯 24,600円
住民税非課税世帯のうち 　合計所得金額と課税年金収入額の合計が80万円以下の方　等 　住民税非課税世帯で老齢福祉年金を受給している方　等		世帯 24.600円 個人 15,000円
生活保護受給者　等		個人 15,000円

出所：杉並区介護保険利用者ハンドブックより作成

（4） 特別養護老人ホームでの優遇措置

　特別養護老人ホームなどの施設サービスを利用の場合，食費・居住費（滞在費）が，とても安くなります。

　施設サービス，例えば，特別養護老人ホームを利用した場合の自己負担分は，次のようになります。

自己負担分＝［サービス費用の１割～３割］＋［食費］＋［居住費］
　　　　　＋［日常生活費（介護保険外）］

　「サービス費用の１割～３割」に関しては，住民税非課税者（世帯）は，前段の「高額介護サービス費」によって低い額になっています。

　「食費」と「居住費」は，別途，住民税非課税世帯については低く抑えられています。負担限度額認定の対象者の要件は，次のとおりです。

　①住民税非課税世帯…配偶者が別の世帯となり，その配偶者が課税されて
　　　　　　　　　　　いる場合は，対象になりません。

　思い出話ですが，かつては，この要件はありませんでした。施設入所に際して夫婦の世帯分離が流行ったため導入されました。

　②資産要件…預貯金額が一定以下であること。**図表４－５**の各段階で決
　　　　　　まっています。例えば，第３段階②は「単身者で500万円以
　　　　　　下，夫婦で1,500万円以下」です。他の段階の金額は記載を
　　　　　　省略します。

| 図表4-5 | 特別養護老人ホームの居住費・食費の負担限度額（1日当たり） |

利用者負担段階	ユニット型個室の居住費の負担限度額	ユニット型個室的多床室，従来型個室，多床室	食費の負担限度額
第1段階　生活保護受給者または老齢福祉年金受給者	820円	記載省略	300円
第2段階　本人の合計所得金額と課税年金収入額と非課税年金額の合計が80万円以下の人	820円	記載省略	390円
第3段階①　本人の合計所得金額と課税年金収入額と非課税年金額の合計が80万円超120万円以下の人	1,310円	記載省略	650円
第3段階②　本人の合計所得金額と課税年金収入額と非課税年金額の合計が120万円超の人	1,310円	記載省略	1,360円
基準費用額（目安です。施設によって若干異なります。）	2,006円	記載省略	1,445円

出所：杉並区介護保険利用者ハンドブックより作成

BREAK TIME

天国と地獄！年間117万円の損得

　特別養護老人ホーム入所の場合，住民税非課税か否かで，どれだけの差になるでしょうか。
　①基準費用額のケース
　　2,006円（居住費）×365日＋1,445円（食費）×365日＝1,259,615円
　②第2段階のケース
　　820円（居住費）×365日＋390円（食費）×365日＝441,650円
　よって，
　　1,259,615円－441,650円＝817,965円
　つまり，特別養護老人ホームに入所している場合，住民税非課税か否かで，居住費と食費だけで，年間約82万円もの差になります。

　それに加えて，高額介護サービス費の差もあります。
　　（44,400－15,000円）×12ヵ月＝352,800円
　よって，
　　817,965円（居住費と食費の差）＋352,800円（高額介護サービス費の差）＝1,170,765円

　ギョ，ギョ，ギョのギョ！なんと，住民税非課税か否かで，年間117万円も差があります。天国と地獄の差です。

後期医療でも,障害者でも,高等教育でも
…いたるところで優遇

(1) 国民健康保険での優遇措置

1) 保険料はどうなるか

介護保険の保険料は,直接,住民税非課税制度が関わっていますが,国保の保険料は関わっていません。国保の保険料の計算式は,単純化すれば,次のものです。

> 国民健康保険の保険料＝「賦課標準額」×所得割料率＋均等割額
>
> ※賦課標準額＝前年の所得－基礎控除額（43万円）

したがって,所得が高ければ高い保険料,所得が低ければ低い保険料となります。ただし,高い方では最高限度額があり,低い方では均等割額が7割・5割・2割の減額がなされます。住民税非課税者は所得が低いから,国保の保険料も自動的に低くなります。住民税非課税とは直接関係ありません。

余談になりますが,「生活が著しく困難となった場合」は保険料の減免制度なる制度があります。でも,なぜか「自然災害のときだけ」と錯覚しているようで,法令では存在している制度なのに,利用者ゼロという実態です。誰も何も言わない世にも不思議な物語となっています。

ついでに,令和6年1月からスタートする産前産後の保険料免除は,大キャンペーンをしています。「生活が著しく困難」は無視して,「産前産後」は大キャンペーン…,なんか変だな〜と思います。

2）高額療養費での優遇措置

　医療機関にかかった場合，医療費の1～3割を自己負担します。その自己負担分が大きくなりすぎないように自己負担限度額が設定されており，超過した金額は，後日，「高額療養費」として支給されます。ここに，住民税非課税世帯が登場します。住民税非課税世帯の自己負担限度額は低く抑えられています。

　ボヤキを一言。**図表4-6**と**図表4-7**の「所得区分」の欄のことです。ランクを分けるにあたって，70歳未満の方は「賦課標準額」（＝所得－43万円）を使用，70歳以上の方は「課税所得」を使用しています。なぜ，わざわざ，別のモノサシを持ってきているのか，私にはわかりません。「昔から，そうなっているから」ということかしら…。まさか「由（よ）らしむべし，知らしむべからず」（論語）を想定して，住民の頭を混乱させたい（知らしむべからず）ということではないと思っていますが，なぜなのかしら…。まあ，どうでもいいボヤキですが…。

図表4-6　70歳未満の方の自己負担限度額（令和5年度）

所得区分	自己負担限度額	4回目以降の限度額
①賦課標準額901万円超	252,600円＋（医療費総額－842,000円）×1％	140,100円
②賦課標準額600万円超～901万円以下	167,400円＋（医療費総額－558.000円）×1％	93,000円
③賦課標準額210万円超～600万円以下	80,100円＋（医療費総額－267,000円）×1％	44,400円
④賦課標準額210万円以下	57,600円	44,400円
⑤住民税非課税世帯	35,400円	24,600円

※「住民税非課税世帯」…ここでの意味は，「世帯主と国保加入者」が非課税という意味で使用。世帯の中に組合健保の加入者がいて，その人は住民税課税者であっても無関係です。
出所：杉並区「国保のてびき」令和5年度

所得区分		自己負担限度額	
		外来（個人単位）	外来＋入院（世帯単位）
住民税課税世帯	現役並み所得Ⅲ （課税所得690万円以上）	252,600円＋（医療費総額－842,000円）× 1 ％ ［140,100円］	
	現役並み所得Ⅱ （課税所得380万円以上690万円未満）	167,400円＋（医療費総額－558,000円）× 1 ％ ［93,000円］	
	現役並み所得Ⅰ （課税所得145万円以上380万円未満）	80,100円＋（医療費総額－267,000円）× 1 ％ ［44,400円］	
	一般	18,000円 （年間上限144,000円）	57,600円 ［44,400円］
住民税非課税世帯	低所得Ⅱ	8,000円	24,600円
	低所得Ⅰ		15,000円

※ 「低所得Ⅱ」は，世帯主と世帯の国保加入者（被保険者）全員が住民税非課税者。「低所得
　Ⅰ」は，「低所得Ⅱ」の中でも，年金収入80万円以下の人。
※ ［　］内の数字は，年間 4 回以上高額療養費の支給を受けたときの 4 回目以降の自己負担
　限度額。
出所：杉並区「国保のてびき」令和 5 年度

3）入院中の食事代も安くなります

　住民税非課税世帯は，入院中の食事代も安くなります。

　「70歳で低所得Ⅰ」の人は，1 ヵ月入院していても，入院の自己負担限度
額が 1 万5,000円，食事代が［100円×90食＝9,000円］ですから，2 万4,000
円ですみます。雑費等は別ですが。

住民税課税世帯		1 食460円
住民税非課税世帯	過去 1 年間の入院が90日まで	1 食210円
	過去 1 年間の入院が 91日目以降の申請日から	1 食160円
	70歳以上で低所得Ⅰ（図表 4 - 7） の人	1 食100円

（2） 後期高齢者医療制度での優遇措置

前段の国民健康保険の優遇措置とほぼ同じです。

1）保険料
保険料の決め方は，数字は異なりますが，国保料と同じ仕組みです。所得が高い人は高い保険料，所得が低い人は安い保険料です。住民税非課税制度は関わっていません

2）高額療養費は国保と同じ
国民健康保険の70歳以上の方の自己負担限度額と同じです（図表4-7）。住民税非課税者（世帯）は，かなり優遇されています。

3）入院中の食事代
国民健康保険とほぼ同じ金額で，住民税非課税者（世帯）は，かなり優遇されています。

（3） 障害者関係の優遇措置

「障害福祉サービス」の負担上限額は，住民税非課税世帯であればゼロです。

1）障害福祉の体系
それでは，「障害福祉サービス」とは何か，となると，障害福祉の全体的体系を踏まえないとよくわかりません。
まず，大分類として，障害者総合支援法に基づく「自立支援給付」と市町村の「地域生活支援事業」に分かれます。
自立支援給付には，「障害福祉サービス」「相談支援」「自立支援医療」「補装具」があります。
地域生活支援事業には，「相談支援」「日常生活用具」「移動支援」「訪問入

浴サービス」などさまざまあります。

　ということで，障害者総合支援法に基づく「自立支援給付」の「障害福祉サービス」とは何か。**図表4-8**のように，「介護給付」と「訓練等給付」に分かれます。

<table>
<tr><td colspan="2" align="center">図表4-8　障害福祉サービスの一覧</td></tr>
</table>

障害福祉サービス	
介護給付	訓練等給付
①居宅介護	①自立生活援助
②重度訪問介護	②共同生活援助
③同行援護	③自立訓練（機能訓練）
④行動援護	④自立訓練（生活訓練）
⑤重度障害者等包括支援	⑤就労移行支援
⑥短期入所	⑥就労継続支援（A型）
⑦療養介護	⑦就労継続支援（B型）
⑧生活介護	⑧就労定着支援
⑨施設入所支援	
相談　支援	
自立　支援　医療	
補装具	

出所：厚生労働省ホームページより作成

2）障害福祉サービスの利用者負担

　3つ図表を並べますが，要するに，住民税非課税世帯は0円です。

　思い出話ですが，20年前，小泉内閣が社会保障改革で障害者自立支援法案を打ち出しました。内容は，重度の障害者を持つ家庭は貧困へ一直線というもので，大反対運動が展開されました。私は，貧困化を食い止めるため，初めて「世帯分離」論を発表しました。その後，政権交代があり，自立支援法案は大幅に修正され，現在の利用者負担となりました。

図表4-9　障害者の利用者負担

区分	世帯の収入状況	負担上限月額
生活保護	生活保護受給世帯	0円
低所得	住民税非課税世帯	0円
一般1	住民税課税世帯（所得割16万円未満） ※入所施設利用者（20歳以上），グループホーム利用者は一般2になります。	9,300円
一般2	上記以外	37,200円

出所：厚生労働省ホームページより作成

図表4-10　障害児の利用者負担

区分	世帯の収入状況	負担上限月額
生活保護	生活保護受給世帯	0円
低所得	住民税非課税世帯	0円
一般1	住民税課税世帯（所得割28万円未満） ★通所施設，ホームヘルプ利用の場合 ★入所施設利用の場合	4,600円 9,300円
一般2	上記以外	37,200円

出所：厚生労働省ホームページより作成

図表4-11　所得を判断する場合の「世帯の範囲」

種　別	世帯の範囲
18歳以上の障害者 （施設に入所する18,19歳の人は除きます）	本人とその配偶者
障害児 （施設に入所する18,19歳の人を含みます）	保護者の属する住民基本台帳での世帯

出所：厚生労働省ホームページより作成

（4）　保育園・幼稚園では

　保育園，幼稚園，認定こども園などの3〜5歳の保育は無料になっています。0〜2歳未満は有料です。ただし，住民税非課税世帯は無料です。

（5）　東京都シルバーパス

　満70歳以上の都民は，申込みにより，東京都シルバーパスを購入できます。都内民営バス，都バス，都営地下鉄，都電，日暮里・舎人ライナーなどが利用できます。

　購入費用は，

　① 本人が住民税非課税者

　② 合計所得金額が135万円以下の人

は，1,000円です。

　①②以外の人は，20,510円です。

（6）　年金生活者支援給付金…低年金者への付録

　第3章の「1　年金生活者支援給付金」で説明しましたが，復習です。

　年金額が少ない人に，年金ではないのですが，いわば「年金の付録みたいなもの」として，令和1年（2019年）10月から年金生活者支援給付金制度がスタートしました。理由は，消費税アップで大変でしょう，というものです。

　年金生活者支援給付金制度には，3つあります。「老齢年金生活者支援給付金」「障害年金生活者支援給付金」「遺族年金生活者支援給付金」の3つです。

　そのうち，「老齢年金生活者支援給付金」の支給要件は，

　①65歳以上の老齢基礎年金の受給者であること

　②同一世帯の全員が住民税非課税であること

　③前年の公的年金等収入額とその他の所得との合計額が，881,200円以下

であること

です。金額は細かい計算が必要で，一般的には月額数千円です。

　「障害年金生活者支援給付金」「遺族年金生活者支援給付金」については，住民税非課税か否かは，関係ありません。

（7）　新型コロナ，物価高で臨時の支援が続々

　新型コロナ感染症そして物価高に対して，国は住民税非課税世帯への支援を臨時に行ってきました。住民税非課税世帯に10万円，今度は５万円，ひとり親の住民税非課税世帯には５万円，あれやこれや。また，いくつかの自治体でも臨時的単発的に，似たような支援を行いました。過去形ではなく，現在実施中の自治体もあります。

　東京都では令和５年４〜５月に，住民税非課税世帯にお米25キロのクーポン券を配りました。

　令和５年度（2023年度）には「住民税非課税世帯に対する緊急支援給付金」が市町村で実施されます。これは，「電気・ガス・食料品等価格高騰重点支援地方交付金に『低所得世帯支援枠』を創設する」という閣議決定（令和５年３月28日）を根拠にして，１世帯３万円が給付されます。市町村によって「価格高騰重点支援給付金」「臨時特別給付金」「負担軽減給付金」などの名称になり，中身も市町村の独自性が加味されるようです。

　また，令和５年10月に岸田内閣は，住民税非課税世帯に７万円を給付すると発表しました。

（8）　高等教育（大学・短大・高専・専門学校）の修学支援新制度

　この制度は，令和２年（2020年）４月からスタートしました。実に画期的な制度です。ただし，この制度を十分に理解するのは，入学試験問題よりも難しいと思います。難しいのでわからないのは当たり前，学校の担当窓口で相談するのがベストです。できるだけ早く，受験の１年前には相談したほうがよいでしょう。

★対象となる学校

　大学，短期大学，高等専門学校，専門学校

★支援内容

　①授業料等減免制度の創設

　②給付型奨学金の支給拡大

★支援対象となる学生

　「住民税非課税世帯」および「それに準ずる世帯」の学生

　ここで最大のポイントは，「住民税非課税世帯」および「それに準ずる世帯」の学生…この意味です。高等教育の修学支援新制度においては，住民税非課税の計算は「通常の計算式」ではなく，「独特の計算式」を用いています。したがって，「通常の計算式」を知っている者にとっては，「なんだろうな？」となってしまいます。「通常の計算式」を忘れて，「別モノ」と認識したほうがいいです。

　一応，「別モノ」たる「独特の計算式」を記載します。次の項で「通常の計算式」が登場しますが，見比べれば「別モノ」とわかります。

市町村民税の所得割の課税標準額×６％ −（調整控除の額＋税額調整額）

※「調整控除の額」および「税額調整額」の説明は，ごちゃごちゃしますので省略。

　この計算式で出た金額が，次の３区分に該当すると，支援が受けられます。

　　第Ⅰ区分（標準額の支援）　　　　　100円未満

　　第Ⅱ区分（標準額の２／３支援）　　100円以上～25,600円未満

　　第Ⅲ区分（標準額の１／３支援）　25,600円以上～51,300円未満

　第Ⅰ区分（標準額の支援）は，入学金・授業料が無料となり，奨学金が私立・自宅外通学の場合は91万円支給されます。

図表4-12　第Ⅰ・Ⅱ・Ⅲ区分に相当する目安年収

		住民税非課税	準ずる世帯	
		第Ⅰ区分	第Ⅱ区分	第Ⅲ区分
	（支援額）	3分の3	3分の2	3分の1
ひとり親世帯 （母のみが生計 維持者の場合）	子1人（本人）	～約210万円	～約300万円	～約370万円
	子2人（本人・高校生）	～約270万円	～約360万円	～約430万円
	子3人（本人・高校生・中学生）	～約270万円	～約360万円	～約430万円
	子3人（本人・大学生・中学生）	～約290万円	～約390万円	～約460万円
ふたり親世帯 （両親が生計維 持者） ※片働き（一方が 無収入）の場合	子1人（本人）	～約220万円	～約300万円	～約380万円
	子2人（本人・中学生）	**～約270万円**	**～約300万円**	**～約380万円**
	子3人（本人・高校生・中学生）	～約320万円	～約370万円	～約430万円
	子3人（本人・大学生・中学生）	～約320万円	～約400万円	～約460万円

※年収は，両親の年収を合計したものとする。子について，本人は18歳，中学生は15歳以下，高校生は16～18歳，大学生は19～22歳とする。
※給与所得以外の収入はないものとする。（事業所得の場合は，目安年収が上記と異なる。）
※世帯年収（目安）は1万円の位を四捨五入している。
※年収の目安について，「両親（片働き）」は，配偶者控除対象となっている場合。
出所：文科省「高等教育の修学支援新制度（授業料減免と給付型奨学金）における所得に関する要件」

　なお，政府は，令和5年（2023年）3月に，高等教育の修学支援新制度を拡充することを正式発表しています。どうやら第Ⅳ区分（標準家庭380～600万）を新設して，理工農学部系や3人以上の多子世帯を対象とし，支援額は4分の1とするようです。

　繰り返しますが，とにかく複雑な制度なので，自分が対象者かどうかを確認するためには，高校，大学等の学生課や奨学金窓口で相談することをお勧めします。また，日本学生支援機構奨学金相談センター（0570-666-301）へ電話するのもよいでしょう。
　高校3年生の年（高校2年1～3月，高校3年の4～12月）の収入・所得が若干でもオーバーすると支援額が減らされてしまいますので，高校2年のときには，親はどこまで稼げばいいのか，しっかり把握する必要があります。100万円を超えるお金をもらえるかどうかの話なので，ぼんやりしていてはいけません。棚からぼた餅は，ありません。

第 5 章

「年金＋給与」で
住民税非課税限度額
の壁を突破する

1 住民税非課税限度額
……所得税にはありません

（1）　住民税非課税の範囲

　住民税非課税者（または世帯）には，優遇措置がビックリするほどあります。非課税ギリギリの人は，稼ぎを若干少なくして，住民税非課税になったほうが生活防衛になります。

　非課税制度は所得税にはありません。所得税でも収入が少ない，あるいは収入がそこそこあっても，所得控除や税額控除が大きくて，所得税がゼロになる人もいます。それは，非課税制度ではありません。所得税の計算をしていたら，たまたま所得税がゼロになった，というだけのことです。

　住民税には，「非課税制度限度額」の制度があります。限度額以下の場合は，非課税になります。

図表 5-1　　住民税非課税限度額の範囲（生活保護 1 級地の場合）

非課税区分	均等割	所得割
A．　生活保護法の生活扶助を受けている人	非課税	非課税
B．　障害者，未成年者，寡婦又はひとり親で，前年の合計所得金額が135万円以下の人 （135万円が給与所得の場合，給与収入は2,043,999円です）	非課税	非課税
C．　前年の合計所得金額が一定金額以下の人 35万円×世帯人員数＋10万円＋21万円（同一生計配偶者または扶養親族を有する場合の加算額） ※同一生計配偶者または扶養親族がいない人は，35×1＋10＝45万円になります。	非課税	非課税
D．　Cの金額を超え，前年の総所得金額等が次の金額以下の人 35万円×世帯人員数＋10万円＋32万円（同一生計配偶者または扶養親族を有する場合の加算金） ※同一生計配偶者または扶養親族がいない人は，35×1＋10＝45万円になります。	課税	非課税

出所：杉並区『令和5年度わたしたちの区税』

104

（2） 基本的要件

図表5−1の語句などの説明をします。

1）判定日

非課税の判定は，1月1日の現況によります。

2）世帯人員数

住民票の「世帯」ではなく，いわば「変則的世帯数」です。「本人，同一生計配偶者，扶養親族」の合計数です。例えば，配偶者は別居していて別世帯でも，同一生計ならば数に入ります。また，別世帯でも扶養している親族は数に入ります。

3）同一生計配偶者

同一生計配偶者の要件は，①合計所得金額が48万円以下，②生計を一にしている，③白色の専従者でない，④青色の専従者として給与を受けていない，です。

似た用語で，「控除対象配偶者」がありますが，これは，配偶者控除を活用するほうの要件に，合計所得1,000万円以下が追加されます。

4）D欄の均等割課税，所得割非課税

D欄は，均等割は課税，所得割は非課税となっています。したがって，一般的な「住民税非課税者（世帯）には含まれません。D欄は，あくまでも「所得割だけは非課税」ということです。

5）生活保護1級地

生活保護制度には，地域による物価の高低，生活水準の差を生活保護基準額に反映させるため，級地制度が設けられています。現在は6つに分かれて

います。

　住民税非課税制度の場合は，「1級地」「2級地」「3級地」の3つに分かれています。

　要するに，物価が安い地域は，生活保護基準額が低い，住民税非課税限度額も低いということです。図表5-1は「1級地」のものです。

図表5-2　　生活保護の級地

1 級地 ― 1	東京23区，八王子市，立川市，武蔵野市，さいたま市，川口市，横浜市，川崎市，鎌倉市，葉山町，名古屋市，京都市，大阪市，神戸市，西宮市，宝塚市など
1 級地 ― 2	札幌市，仙台市，青梅市，武蔵村山市，所沢市，朝霞市，千葉市，浦安市，横須賀市，岸和田市，大津市，岡山市，広島市，呉市，北九州市，福岡市など
2 級地 ― 1	函館市，青森市，盛岡市，川越市，野田市，あきる野市，海老名市，箱根町，湯河原町，新潟市，富山市，甲府市，豊橋市，鳥取市，松江市，下関市，徳島市，久留米市など
2 級地 ― 2	夕張市，日立市，土浦市，足利市，長岡市，諏訪市，大垣市，多治見市，三島市，瀬戸市，安城市，松坂市，大牟田市，佐世保市，西海市，荒尾市など
3 級地 ― 1	網走市，弘前市，石巻市，米沢市，郡山市，つくば市，栃木市，鹿沼市，日光市，秩父市，銚子市，日の出町，十日町市，高山市，延岡市，沖縄市，うるま市など
3 級地 ― 2	それ以外の市町村

出所：厚生労働省ホームページより作成

2 住民税非課税になる人（世帯）とは
……給与収入を給与所得に換算する方法

（1）　A．生活保護法の生活扶助を受けている人

　説明の必要はありません。生活保護者は住民税非課税者です。均等割も所得割も非課税です。

　「生活保護法の生活扶助」の若干の説明。

　「扶助」（ふじょ）とは，援助の意味です。生活保護の扶助には8種類あります。①生活扶助，②住宅扶助，③教育扶助，④医療扶助，⑤介護扶助，⑥出産扶助，⑦生業扶助，⑧葬祭扶助の8つです。

　「生活扶助」は，食費・被服費・光熱水費など日常生活に必要な費用を援助します。基準額は，①食費等の個人的費用，②光熱水費などの世帯共通的費用，この①②を合算した額です。ただし，特定の世帯にはさまざまな加算があります。

（2）　B．障害者，未成年者，寡婦又はひとり親で，前年の合計所得金額が135万円以下の人

1）要件
★「障害者」の中には，要介護者も含まれます。
★「寡婦又はひとり親」について。従来は「寡婦（寡夫）」でしたが，改正されて，令和2年（2020年）から「寡婦又はひとり親」になりました。相違点は，例えば，従来は「未婚のシングルマザー」は「寡婦」でなかったのですが，現在は「ひとり親」ということになりました。
★「合計所得金額」とは，例えば，給与所得と不動産所得（家賃収入など）の2つがあれば，それを合計したのが，合計所得金額です。

2）限度額は「所得」ベースであることに注意！
——給与収入を給与所得に換算する

　給与所得が△△万円と言われても，一般の人はピンときません。収入で言われないと，実感がわきません。

　所得135万円が全部，給与所得の場合，収入に換算すると何円になるか。これは簡単に計算できそうですが，結構難しい問題です。あらかじめ言うと，正解は「204万3,999円」です。これはパズルのように，頭をひねらないと答えが出てきません。

　では，どのように計算するのか，順を追って見てみましょう。

①所得税の計算の「第1段階：収入−必要経費＝所得（給与所得・事業所得など10種類)」を思い出してください。給与所得の場合，必要経費は「給与所得控除額」になります。「給与所得控除額」（令和2年分以降）は，次のようにガッチリ決まっています。

図表5-3　　給与所得控除額の速算式（令和2年分以降）

給与等の収入金額 （給与所得の源泉徴収票の支払金額）	給与所得控除額
1,625,000円まで	550,000円
1,625,001円から　1,800,000円まで	収入金額×40%−100,000円
1,800,001円から　3,600,000円まで	収入金額×30%＋80,000円
3,600,001円から　6,600,000円まで	収入金額×20%＋440,000円
6,600,001円から　8,500,000円まで	収入金額×10%＋1,100,000円
8,500,001円以上	1,950,000円（上限）

出所：所得税法より

　給与所得135万円は，収入に換算するとどうなるか。

　おそらく「1,800,001円以上3,600,000円まで」に該当するだろうから，中学校で習った方程式をつくります。

収入をX円とします。

    X − （X円×30% ＋80,000円）＝1,350,000円

    X円＝2,042,857円（小数点以下切り捨て）

あれれ…，ありゃりゃ…，先に正解は「204万3,999円」と書きましたが，千円少々違うではないか？

これは，どうしたことか？

②実は，所得税法第28条で，給与収入が660万円未満の場合は，**図表 5 - 3** の「給与所得控除額の速算式」ではなく，「所得税法別表第五」を使うことになっているのです。

へんてこな話だなぁ〜，せっかく「速算式」があるのに，使わない，奇妙奇天烈だなぁ〜，とぼやいても，法律がそうなっているから，しかたがない。

　私の推理はこうです。おそらく，そろばん時代，従業員 1 人ひとりの所得税を源泉徴収するための計算は，会社の会計にとっては非常に大変。そこで，「4,000円きざみ」の「別表第五」をつくったのではなかろうか…。

　ボヤキながらも，「別表第五」を見てみます。細かい数字が，ずらっと 9 ページにわたって書いてあります。関係する部分を取り出してみます（**図表 5 - 4** ）。「4,000円きざみ」ということは，例えば，収入が2,012,000円でも2,015,999円でも，所得に換算すれば，1,328,400円で同じということです。

　それでは，所得135万円は収入に換算するとどうなるか？　「所得税法別表第五」の「給与所得控除後の給与等の金額」（つまり，所得）の欄を見ても，1,350,000の数字はありません。したがって，「1,348,000」でカウントすることになります。収入は，「2,040,000以上2,044,000未満」となります。

　よって，「所得135万円以下」を収入に換算すると，「収入2,044,000未満」（＝2,043,999以下）となります。

図表 5 - 4   「所得税法別表第五」の一部分

(単位：円)

給与等の金額		給与所得控除後の
以上	未満	給与等の金額
2,012,000	2,016,000	1,328,400
2,016,000	2,020,000	1,331,200
2,020,000	2,024,000	1,334,000
2,024,000	2,028,000	1,336,800
2,028,000	2,032,000	1,339,600
2,032,000	2,036,000	1,342,400
2,036,000	2,040,000	1,345,200
2,040,000	2,044,000	1,348,000
2,044,000	2,048,000	1,350,800
2,048,000	2,052,000	1,353,600
2,052,000	2,056,000	1,356,400
2,056,000	2,060,000	1,359,200
2,060,000	2,064,000	1,362,000
2,064,000	2,068,000	1,364,800
2,068,000	2,072,000	1,367,600

出所：所得税法より

　理屈を考えると頭痛がしそうですが，別表第五を見慣れると，「便利かな」と思ったりもします。

　なお，「4,000円きざみ」の件ですが，収入が160万円台では，「2,000円きざみ」や「3,000円きざみ」があります。別表第五は便利なのですが，理屈を考えると，やはり，八つ当たりの気分です。

　それから，一言。

　一般的に，人は手元に別表第五を持っていません。パソコンを操作すれば出てきますが，面倒なことです。そこで，税務署の「確定申告の手引き」には，給与収入を4で割り算して，特定の数字を掛け算して，そして別の数字を足し算・引き算して所得を出す「計算一覧表」が掲載されています。あの「計算一覧表」を作った人は，知能指数抜群と感心します。でも，普通人に

してみれば，どうしてあの「計算一覧表」が成り立つのか，さっぱりわかりません。「計算一覧表」を利用しつつも，「所得税の計算は難しいなぁ」との感想を持つのではないかしら…。

　日本の行政の根幹ラインの１つは，「所得税―住民税ライン」です。そこが「難しい，わからない」では「不信」に繋がります。
　飛躍した話ですが，「複雑なる行政のさらなる複雑な改革」は敬遠すべきと考えます。さらに言えば，完璧を目指すあまり，「行政の緻密性の進行」（つまり複雑化）が進行します。私は，日本の停滞は，その辺りにあるような気がしてなりません。

　③念のため，検算しました。
　　給与収入－給与所得控除＝給与所得
　　2,043,999 －（2,043,999円×30％＋80,000円）＝1,350,000円
　間違いなしです。

（3）　Ｃ．前年の合計所得金額が一定金額以下の人

　図表５-１のＣは，次のように書きました。

35万円×世帯人員数＋10万円＋21万円（同一生計配偶者または扶養親族を有する場合の加算額）

※同一生計配偶者または扶養親族がいない人は，35×１＋10＝45万円になります。

　１級地・２級地・３級地をまとめて書きますと**図表５-５**のようになります。
　点線内の金額は，同一生計配偶者または扶養親族を有する場合の加算額です。本人１人だけの場合は，ゼロになります。
　くれぐれも注意していただきたい点は，ここで計算された金額は，「所得」ということです。（2）で見たように，給与所得を「給与収入」に換算

するには，「所得税法別表第五」を用いた面倒な作業が必要となります。

　1級地・2級地・3級地の住民税非課税限度額

前年の合計所得金額が一定金額以下の人

35万円	1級地
31.5万円	2級地
28万円	3級地

× ｛本人 同一生計配偶者および 扶養親族の合計｝ ＋10万円＋

21万円
18.9万円
16.8万円

出所：地方税関係資料ハンドブック（地方税務研究会編）

イメージがわかないので，モデルを見てみましょう。

【モデル1】 1級地，単身者で給与所得者

住民税非課税限度額（所得）は，35万円×1＋10万円＝45万円

収入をX円とすると，

X－55万円（給与所得控除額）＝45万円

X＝100万円

給与収入100万円以下なら，住民税非課税者となります。

【モデル2】 1級地，同一生計配偶者がいる給与所得者

住民税非課税限度額（所得）は，35万円×2＋10万円＋21万円＝101万円

収入をX円とします。

X－55万円（給与所得控除額）＝101万円

X＝156万円

給与収入156万円以下なら，住民税非課税者となります。

> 【モデル3】1級地，同一生計配偶者と子供2人がいる給与所得者
>
> 住民税非課税限度額（所得）は，35万円×4＋10万円＋21万円＝171万円
>
> 収入をX円とします。
>
> X－給与所得控除額＝171万円
>
> 給与所得控除額速算表では，給与所得控除額は，「X×30％＋8万円」です。
>
> X－（X×30％＋8万円）＝171万円
>
> X＝255万7,142円になりますが，これは間違いです。
>
> 所得税法別表第五を見て，所得から収入を見ます。
>
> X＝255万9,999円
>
> 給与収入255万9,999円以下なら，住民税非課税者となります

モデル1・2・3を見ると，住民税非課税世帯は，そんなに多くないのではないか，と想像してしまいます。しかし，実際には，全世帯数の4分の1が住民税非課税世帯です。理由は，①AとBの存在，②後で述べますが，公的年金等控除額は給与所得控除額よりも大きい，③給与収入以外の人が多い，④一般論として貧困層の拡大，といったことではなかろうか。

（4） D．Cの金額を超え，前年の総所得金額等が次の金額以下の人

> 35万円×世帯人員数＋10万円＋32万円（同一生計配偶者または扶養親族を有する場合の加算金）
>
> ※同一生計配偶者または扶養親族がいない人は，35×1＋10＝45万円になります。

Dに関して重要な点は，「所得割は非課税となりますが，均等割は課税されます」ということです。一般的に，均等割が課税されていますので，住民税非課税者とは言いません。正確には，「住民税非課税ではなく，住民税所得割が非課税」ということです。

繰り返しますが，Dの場合は，「住民税非課税ではありません」。

ところが，「高等教育の修学支援制度」では，「所得割非課税，均等割課税」を，「住民税非課税世帯」と表現しています。「高等教育の修学支援制度」の「住民税非課税」は，本来の「住民税非課税制度」とは別モノと認識したほうがスッキリすると思います。

なお，Dのところで，「総所得金額等」なる単語が登場しています。「合計所得金額」と，どう違うのでしょうか。

各所得（10種類）→合計所得金額→総所得金額→総所得金額等

「合計所得金額」は，簡単に言えば，各所得の合計です。例えば，給与所得と不動産所得（アパートを所有していて家賃をいただいているなど）の2つの所得がある場合，その合計です。

「総所得金額」は，あまり使用されませんので説明を省略します。

「総所得金額等」は，合計所得金額から純損益・雑損失の繰越控除を適用した後のすべての合計所得です。原則算式は，「合計所得金額－繰越控除額＝総所得金額等」です。純損益・雑損失がない場合は，「合計所得金額＝総所得金額等」となります。合計所得金額と総所得金額等は，なんとなく漠然と，似たようなものと覚えておけばよいでしょう。

（5） 非課税・課税の頭の整理

A・B・C・Dを説明したところで，復習します。

図表5-6　課税・非課税の整理

均等割・所得割ともに非課税	A・B・C	住民税非課税者
均等割は課税，所得割は非課税	D	住民税課税者（ただし，高等教育の修学支援制度では非課税者扱い）
均等割は非課税，所得割は課税	存在しない	存在しない
均等割・所得割ともに課税	上記以外の人	住民税課税者

出所：著者作成

3 年金生活者も働く時代がやってくる
……年金収入を年金所得に換算する方法

（1） 年金収入から年金所得へ

　今後は，年金だけで悠々自適に暮らす高齢者は減少します。となると，「年金＋給与」の高齢者が増加します。この場合，低収入・低所得層は，「年金＋給与」が住民税非課税限度額と似たような額ならば，限度額内に抑えたほうがよい。住民税非課税者（世帯）には，優遇措置がドッサリあるからです。

　それでは，いくらまで稼いでいいのか。それを知るには，まず，自分の年金収入を年金所得に換算するといくらなのかを知らなくてはいけません。

　年金の収入額ははっきりしています。住民税非課税の所得額もはっきりしています。しかし，片や「収入」，片や「所得」です。「収入」か「所得」か，どちらか一方に統一しないと計算ができません。そうでないと，どこまで給与収入を稼いでいいのかの解答が得られません。

　「給与収入⇄給与所得」の計算方法は，前節で見ました。

　ここでは，「年金収入⇄年金所得」の計算方法を見てみましょう。給与のように，「4,000円きざみ」なんてことは登場しませんので，給与よりは簡単です。

（2） 速算表

　所得とは，「収入－必要経費＝所得」です。公的年金の場合，必要経費にあたるものが，「公的年金等控除額」です。それから，公的年金は「雑所得」に位置づけられています。「公的年金がなぜ雑所得なんだ」と小言を言われたことがありますが，そうなっているから，そうなのです。たぶん，昔々その昔，所得税法をつくった頃は，公的年金なんてものは眼中にない

「その他」だったのでしょう。

　昔話は省略して，本題は「公的年金等控除額」の速算表（**図表5-7**）です。給与のように，「4,000円きざみ」はありませんから，ご安心を。

　余談ですが，この図表は令和2年分（2020年分）からで，それ以前は，この図表の3分の1の簡単なものでした。理由は，高収入・高所得者の負担増（増税）なのですが，理由はともかく，行政の複雑化が進行しています。

　もう1つ，ついでに言えば，図表5-7を見ると，「公的年金等収入金額」が1,000万円以上ある人がいるようです。うらやましい～。

図表5-7　　公的年金等に係る雑所得の速算表

年齢65歳未満

公的年金等収入金額（A）	雑所得金額にする計算式		
	公的年金等に係る雑所得以外の所得に係る合計所得金額		
	1,000万円以下	1,000万円超2,000万円以下	2,000万円超
1,300,000円以下	A－600,000円	A－500,000円	A－400,000円
1,300,001円～4,100,000円	A×75%－275,000円	A×75%－175,000円	A×75%－75,000円
4,100,001円～7,700,000円	A×85%－685,000円	A×85%－585,000円	A×85%－485,000円
7,700,001円～10,000,000円	A×95%－1,455,000円	A×95%－1,355,000円	A×95%－1,255,000円
10,000,001円以上	A－1,955,000円	A－1,855,000円	A－1,755,000円

年齢65歳以上

公的年金等収入金額（A）	雑所得金額にする計算式		
	公的年金等に係る雑所得以外の所得に係る合計所得金額		
	1,000万円以下	1,000万円超2,000万円以下	2,000万円超
3,300,000円以下	A－1,100,000円	A－1,000,000円	A－900,000円
3,300,001円～4,100,000円	A×75%－275,000円	A×75%－175,000円	A×75%－75,000円
4,100,001円～7,700,000円	A×85%－685,000円	A×85%－585,000円	A×85%－485,000円
7,700,001円～10,000,000円	A×95%－1,455,000円	A×95%－1,355,000円	A×95%－1,255,000円
10,000,001円以上	A－1,955,000円	A－1,855,000円	A－1,755,000円

出所：杉並区『令和5年度わたしたちの区税』

　とりあえず，図表5-7を具体的にモデルで見てみます。

【モデル】

　70歳，年金以外に年200万円の所得があり，公的年金収入が年350万円

①最初に「年齢」を確認します。モデルは年齢70歳です。図表5－7の「年齢65歳以上」を使って計算します。

②次に，「公的年金等に係る雑所得以外の所得に係る合計所得金額」を確認します。モデルは，公的年金以外の所得は200万円です。したがって，「1,000万円以下」の欄を見ます。

③モデルの公的年金収入の額は，年350万円です。したがって，「Ａ×75％－275,000円」が所得を求める算式となります。

　　3,500,000円×75％－275,000円＝2,350,000円

　よって，モデルの年金所得は，235万円となります。

（3）　公的年金等控除額は給与所得控除額より有利

　前述した「B.障害者，未成年者，寡婦又はひとり親で，前年の合計所得金額が135万円以下の人」のところで，所得135万円が全部給与の場合，給与収入に換算すると，2,043,999円になります，と書きました。

　しからば，所得135万円が全部年金の場合，年金収入に換算すると，いくらになるでしょうか。70歳，年金以外の所得が1,000万円以下とすると，

　　Ａ－110万円＝135万円

　　Ａ＝245万円

の計算で，245万円になります。

　同じ135万円の所得でも，収入に換算すると，

　　給与収入…204万3,999円

　　年金収入…245万円

となります。

　つまり，公的年金等控除額のほうが給与所得控除額よりも大きい。という

ことは，年金のほうが所得税の計算でも住民税非課税の計算でも有利に作用します。

　参考までに，いくつかを**図表5‐8**にしておきます。

図表5‐8　給与と年金の所得差

収入額（年間）	給与の場合の所得	年金の場合の所得（65歳以上）
60万円	5万円	0円
103万円	48万円	0円
110万円	55万円	0円
150万円	95万円	40万円
158万円	103万円	48万円
200万円	132万円	90万円
205万円	135万3,600円	95万円
245万円	163万3,600円	135万円

出所：著者作成

4 「年金＋給与」
……どこまで稼ぐか

　ここまで，給与収入と年金収入をそれぞれ所得に換算する計算方法を見てきました。いよいよ本題に入ります。働きながら年金を受給する人は，年金以外の収入をいくらまでに抑えれば住民税非課税になるのかをを見ていきましょう。

（1）　給与のみ世帯，年金のみ世帯

　自分の非課税限度額の「所得」は，図表5−1によってすぐに計算できます。普通人は，所得ではピンときません。したがって，「収入」に換算する必要があります。

　とりあえず，「給与のみ世帯」と「年金のみ世帯」の非課税限度額を見てみましょう。

図表5−9　「給与のみ世帯」の住民税非課税限度額（1級地の場合）

		所得	収入
1人世帯	（C）	45万円	100万円
2人世帯	（C）	101万円	156万円
3人世帯	（C）	136万円	205万9,999円
4人世帯	（C）	171万円	255万9,999円
死別の寡婦1人世帯	（B）	135万円	204万3,999円
ひとり親，子供の2人世帯	（B）	135万円	204万3,999円

出所：著者作成

		所得	収入
1人世帯	（C）	45万円	155万円
2人世帯	（C）	101万円	211万円
3人世帯	（C）	136万円	246万円
4人世帯	（C）	171万円	281万円
死別の寡婦1人世帯	（B）	135万円	245万円
ひとり親，孫の2人世帯	（B）	135万円	245万円

図表5-10　「年金のみ世帯」の住民税非課税限度額（1級地の場合）

出所：著者作成

（2）「年金＋給与」これが大問題

　「年金＋給与」の場合，どこまで稼ぐか。実は，これが大問題です。でも，誰も何も言わない。年金は実質的に目減りしていきます。年金だけで悠々自適の高齢者は減少します。したがって，稼がざるを得ない。そうした高齢者がドンドン増加します。誰もが，そのことに気づいています。それなのに，「非課税限度額を踏まえて，どこまで稼ぐか」を，誰も，何も言わない。

　「年金＋給与」の年金の収入額は，しっかりわかります。非課税限度額でいるためには，「給与収入を，どこまで稼ぐか」が大問題です。

　具体的なモデルを通して考えてみましょう。モデル1～3は単身世帯，モデル4～7は老夫婦2人世帯のモデルです。

　計算式は，図表5-1，5-3，5-7，5-10をもとにしています。

【モデル1】単身世帯72歳，公的年金収入200万円，1級地

　①非課税限度額（所得）は，「35万円×1＋10万円＝45万円」（図表5-1）です。

　②年金収入200万円を所得に換算すると，「200万円－110万円」（図表5-7）で90万円です。

　　45万円をオーバーしていますので，非課税対象者ではありません。

③②では，200万円（収入）を90万円（所得）に換算して，45万円（所得）と比較しました。比較方法は他にもあります。非課税限度額45万円（所得）（図表5-10）を年収に換算すると，「45万円＋110万円＝155万円」になります。

155万円（限度額年収）と200万円（収入）を比較すると155万円（限度額年収）を超えているので，非課税対象者ではありません。

要するに，②では「所得」で，③では「収入」で比較しました。どちらで計算してもOKです。

【モデル2】単身世帯72歳，公的年金収入155万円，1級地

①非課税限度額（所得）は，「35万円×1＋10万円＝45万円」です。

②所得比較でも収入比較でも，どちらでもOKです。所得比較で計算してみました。155万円（年金収入）を所得に換算すると，「155万円－110万円＝45万円（所得）」になります。

　非課税限度額（所得）は45万円なので，これ以上所得を増やすと非課税限度額を突破してしまいます。稼いではいけないのか？

③所得が増えなければ，稼いでもOKです。「収入－給与所得控除額＝所得」を思い出してください。この所得がゼロになればよいのです。給与所得控除は最低55万円（図表5-3）ありますので，年間55万円（給与収入）まで稼いでも大丈夫です。さらに123頁で説明しますが，所得金額調整控除（10万円）がありますので，［55万円＋10万円＝65万円］までなら大丈夫です。

【モデル3】単身世帯72歳，公的年金収入100万円，1級地

①非課税限度額（所得）は，「35万円×1＋10万円＝45万円」です。

②所得比較で計算してみました。100万円（年金収入）を所得に換算すると，「100万－110万円＝マイナス10万円」となります。

つまり，年金収入100万円とは，所得ゼロということです。それゆ
え，非課税限度額45万円（所得）は，そっくり残っています。

③給与所得45万円を収入に換算すると，「45万円＋給与所得控除額55
万円＝100万円（給与収入）」となります。

ということで，100万円（年収）まで稼いでも，住民税非課税のま
まです。

図表5-11　高齢者単身世帯「年金＋給与」のケース（1級地）

		非課税限度額 （所得ベース）	どこまでの給与収入な ら，よいか
モデル1	72歳，年金収入200万円	45万円	非課税対象者でない
モデル2	72歳，年金収入155万円	45万円	55万円まで
モデル3	72歳，年金収入100万円	45万円	100万円まで

出所：著者作成

【モデル4】老夫婦2人世帯，夫72歳の公的年金収入200万円，妻72歳の公
的年金収入70万円，1級地

①まず，年金収入70万円の妻が「同一生計配偶者」であるか否かを確
認します。「同一生計配偶者」とは，所得48万円以下が要件です。
給与収入ですと103万円になり，年金収入ですと158万円になりま
す。したがって，妻の年金が158万円以下なら，同一生計配偶者と
なります。モデル4の場合，妻の年金収入は70万円ですから，「同
一生計配偶者」です。

もちろん，「収入」比較でなく，「所得」比較でもかまいません。妻
の年金収入70万円とは，公的年金等控除110万円があるので，所得
に換算すれば，「70万円－110万円＝マイナス40万円」でゼロになり
ます。所得48万円以下なので，「同一生計配偶者」となります。

②「同一生計配偶者」となれば，夫の住民税非課税限度額（所得）は，

122

「35万円×2＋10万円＋21万円＝101万円」となります。

③夫の年金収入200万円を所得に換算すると，「200万－110万円＝90万円」，つまり，年金収入200万円とは，所得90万円ということです。

非課税限度額（所得）101万円と年金所得90万円を比較すると，所得11万円の余裕があります。

つまり，所得11万円までは稼いでも，住民税非課税を維持できます。

④給与所得11万円を収入に換算すると，「11万円＋給与所得控除額55万円＝66万円（給与収入）」になります。が，しかし…話は続きます。

面倒な話ですが，「所得金額調整控除」というものがあります。簡単に言えば，令和2年分（2020年分）から，給与所得控除額と公的年金等控除額とが引き下げられました。その見返りに，基礎控除額が引き上げられました。2つが引き下げられ，1つだけ引き上げられました。となると，給与と年金の2つの所得がある場合は，引下げが大きくなって増税になってしまいます。そこで，給与と年金の2つの所得がある場合は，影響を緩和するため「所得金額調整控除」が設けられました。ほとんどのケースでは，控除額10万円です。

控除額10万円の算式は，次のものです。

> 給与所得額（10万円超の場合は10万円）＋公的年金所得額（10万円超の場合は10万円）－10万円＝控除額

⑤先に求めた，66万円（給与収入）に「所得金額調整控除」10万円を加えると，76万円（収入）となります。

モデル4の夫は，年間76万円（収入）まで稼いでも，住民税非課税世帯を維持できます。

ごちゃごちゃした話なので，一応，要点を書いて復習します。

①夫の住民税非課税限度額（所得）は，101万円です。

②夫の年金収入200万円は，所得に換算すると90万円です。

③稼いでもよい給与収入をX円とします。

90万円（年金所得）＋（X－55万円）－10万円（所得金額調整
控除）＝101万円（所得ベースの非課税限度額）

X＝76万円

念のため申し添えておきます。

モデル1の単身者は，年金収入だけで住民税非課税限度額を超えていますので，調整控除や非課税限度額に関係なく，どんどん稼げばいいでしょう。

モデル2の単身者は，給与所得控除額（55万円）と所得金額調整控除（10万円）の合計額65万円までの年間給与収入なら稼いでも大丈夫です。

モデル3の単身者は，「公的年金所得額（10万円超の場合は10万円）」に該当しません。つまり，調整控除なしなので，「年間給与収入100万円まで」を維持したほうが賢明です。

ボヤキを一言。行政の複雑化が進行中です。

【モデル5】老夫婦2人世帯，夫72歳の公的年金収入155万円，妻72歳の公的年金収入70万円，1級地

①妻の年金収入70万円は，公的年金等控除110万円があるので，所得に換算するとゼロ円です。所得45万円以下ならば，「同一生計配偶者」に該当します。

②夫の住民税非課税限度額（所得）は，「35万円×2＋10万円＋21万円＝101万円」です。

③夫の年金収入155万円を所得に換算すると，「155万－110万＝45万円」，つまり，年金収入155万円とは，所得45万円ということです。

非課税限度額（所得）101万円と年金所得45万円を比較すると，所得56万円の余裕があります。

　つまり，所得56万円までは稼いでも，住民税非課税を維持できます。

④給与所得56万円を収入に換算すると，「56万円＋給与所得控除額55万円＝111万円（給与収入）」になります。それに，「所得金額調整控除」10万円を加えて，121万円となります。

　夫は給与収入121万円まで稼いでも，住民税非課税世帯を維持できます。

【モデル6】老夫婦2人世帯，夫72歳の公的年金収入160万円，妻72歳の公的年金収入150万円，1級地

①妻の年金収入150万円は，所得に換算すると，「150万円－公的年金等控除110万円＝40万円」です。所得45万円以下は，「同一生計配偶者」に該当します。

②夫の住民税非課税限度額（所得）は，「35万円×2＋10万円＋21万円＝101万円」です。

③夫の年金収入160万円を所得に換算すると，「160万円－110万円＝50万円」，つまり，年金収入160万円とは，所得50万円ということです。非課税限度額（所得）101万円と年金所得50万円を比較すると，所得に51万円の余裕があります。

　つまり，所得51万円まで稼いでも，住民税非課税を維持できます。

④給与所得51万円を収入に換算すると，「51万円＋給与所得控除額55万円＝106万円（給与収入）」になります。それに，「所得金額調整控除」10万円を加えて，116万円となります。

　夫は給与収入116万円まで稼いでも，住民税非課税世帯を維持できます。

【モデル7】老夫婦2人世帯，夫72歳の公的年金収入170万円，妻72歳の公的年金収入160万円，1級地

①妻の年金収入160万円は，所得に換算すると，「160万円－公的年金等控除額110万円＝50万円」です。所得45万円をオーバーしているので，「同一生計配偶者」になれません。

②夫の住民税非課税限度額（所得）は，「35万円×1＋10万円＝45万円」です。

③夫の年金収入170万円を所得に換算すると，「170万円－110万円＝60万円」となります。

非課税限度額（所得）45万円と年金所得60万円を比較すると，オーバーしていますので，この夫婦は，そもそも住民税非課税の対象者ではありません。

④そもそも，住民税非課税対象者（世帯）でないので，非課税か否かに関係なく，ドンドン稼げばよい，ということになります。

それにしても，モデル6とモデル7では，似たような夫婦で，妻の年金所得が48万円（年金収入に換算すると158万円）を超えるか否かで，随分，差がでてきます。「年金配偶者158万円の壁」なる言葉が流行ってもいい気がしますが，その気配はありません。

図表5-12 　老夫婦2人世帯「年金＋給与」のケース（1級地）

	夫の状況	妻の状況	非課税限度額（所得ベース）	夫はどこまでの給与収入なら，よいか
モデル4	72歳，年金200万円	72歳，年金70万円	101万円	76万円まで
モデル5	72歳，年金155万円	72歳，年金70万円	101万円	121万円まで
モデル6	72歳，年金160万円	72歳，年金150万円	101万円	116万円まで
モデル7	72歳，年金170万円	72歳，年金160万円	45万円	非課税対象者でない

出所：著者作成

（3）　繰り返し，繰り返し，また繰り返しですが…

　いかなる政権が樹立されようと，どんな政策を実行しようと，また，景気が良くなっても，将来にわたって，「公的年金は実質的に目減り」していきます。この事実を無視して，幻想を吹聴して一時的な人気を博することはできます。あるいは，大袈裟に，「年金は破綻する」と叫んで注目を浴びることもできます。しかし，「公的年金は実質的に目減り」という事実は，変わりません。個人としてできることは，「年金＋給与」という生活です。今後，「年金＋給与」生活者が増加します。すでに，増加しつつあります。

　とりわけ，低収入・低所得層は，「どこまで稼ぐか」を真剣に考えなければなりません。もし，住民税非課税限度額を少しだけオーバーしているなら，収入・所得を抑えて住民税非課税者（世帯）になったほうが賢いと思います。

　なお，本書では書きませんでしたが，一言。
　「年金＋給与」生活者が増加しますので，「高齢者が働きやすい環境の整備」が必要です。あまり議論・検討がなされていないようなので付言いたします。

（4）　世帯分離の注意点

　住民税非課税者（世帯）になる方法は，1つは，収入・所得を限度内に抑える，があります。これは，金額計算は難しいですが，わかり切った話です。
　もう1つは，第1章**1（5）4**）にも書いたとおり，「世帯分離」の方法があります。
　例えば，親（70歳）と子（50歳）の2人世帯で，親は所得30万円，息子は所得500万円とします。親は住民税非課税者ですが，子は住民税課税者です。2人世帯ですと，住民税課税世帯となります。世帯分離すれば，親は非課税世帯，子は課税世帯となります。このように，片方が低所得，片方が中・高所得のケースは問題なしです。

しかし，2人とも低所得の場合は，具合が悪いケースも生じます。とりあえず，1人世帯と2人世帯の住民税非課税限度額の算式を復習します。

1人世帯…35万円×1＋10万円＝45万円（所得）

2人世帯…35万円×2＋10万円＋21万円＝101万円（所得）

親の所得が30万円，娘の所得が80万円とします。1人ひとり別に考えれば，親は非課税者，娘は課税者です。2人世帯であれば，娘を基準として住民税非課税世帯になります。

世帯分離して別々の1人世帯になると，親は非課税世帯ですが，娘は課税世帯となります。つまり，2人世帯であれば非課税世帯ですが，世帯分離すると娘は課税世帯になってしまいます。イメージからすると，片方が低所得，片方も低所得の場合，注意したほうがいいですよ。

むろん，2人とも，所得45万円以下ならば，問題ありません。

図表5-13　世帯分離の注意点

それぞれの所得		2人世帯の場合	世帯分離した場合
親	30万円	課税世帯	親：非課税世帯
息子	500万円		息子：課税世帯
親	30万円	非課税世帯	親：非課税世帯
娘	80万円		娘：課税世帯
親	30万円	非課税世帯	親：非課税世帯
子	20万円		子：非課税世帯

出所：著者作成

第 6 章

年金の疑問
· · · · · · · · · · · · · · · ·

1 年金財政はどうなるか……「財政検証」を読む

(1) 令和1年（2019年）の「財政検証」

　厚労省の社会保障審議会年金部会は5年に1回，公的年金の将来を予測し，そして，改革の方向性を示します。それが，「財政検証」です。「財政検証」に基づいて，年金改革が実行されます。年金の将来像を語るうえで，最も重要な文書です。

　次回は，令和6年（2024年）に発表されます。どんな内容になるやら…。

　まずは，令和1年（2019年）の内容は，どんなものだったでしょうか。

　将来人口推計，労働力需給推計，物価上昇率や賃金上昇率などの経済推計などを基に，6つのケースを予想しています。

　結論の数字は，「所得代替率」です。これは，「現役男子の平均手取り収入額」の何％が「夫婦2人の基礎年金＋夫の厚生年金」か，というものです。簡単に言いますと，現役男子1人の平均月収が30万円と仮定して，老夫婦2人の年金が20万円ならば，所得代替率66.6％ということです。

　「所得代替率」に関して，多くの人が錯覚しているようです。あくまでも，「現役男子1人と老夫婦2人の比較」「1人と2人の比較」です。「1人と1人の比較」ではありません。

図表6-1　令和1年（2019年）の所得代替率

	所得代替率	現役男子の平均手取り収入額	夫婦2人の基礎年金＋夫の厚生年金
令和1年（2019年）	61.6％	35.7万円	13.0万円＋9.0万円

出所：『将来の公的年金の財政見通し（財政検証）』より作成

厚労省は，何が何でも50％を維持したい方針です。「年金破綻」という単語が飛び交っていますが，厚労省はどうやら，所得代替率が50％を下回ったら，「破綻」とは言っていませんが，「危機」と考えているようです。

　確実なことは，2点あります。

　1点目は，景気が好かろうが悪かろうが，将来は，令和1年（2019年）の所得代替率61.6％よりも低下する，ということです。

　2点目は，将来の所得代替率が50％以下になることも，大いに有り得る，ということです。

　それが，現実・事実なのです。

図表6‒2　将来の所得代替率

	経済成長率 （実質）	所得代替率
ケースⅠ	0.9％	51.9％（2046年度）
ケースⅡ	0.6％	51.6％（2046年度）
ケースⅢ	0.4％	50.8％（2046年度）
ケースⅣ	0.2％	50.0％（2044年度）→46.5％（2053年度）
ケースⅤ	0.0％	50.0％（2043年度）→44.5％（2058年度）
ケースⅥ	▲0.5％	50.0％（2043年度）→36～38％（2052年度以降）

出所：『将来の公的年金の財政見通し（財政検証）』より作成

（2）　所得代替率が50％以下になるとどうなるか？

　所得代替率が50％を下回ることが確実になった場合は，所得税増税あるいは消費税増税が本格化するのではないでしょうか。このことは，漠然と誰もが薄々心配していることです。

　しかし実際は，漠然とした話ではなく，年金の危機への対応策は，基本的に単純です。

　医療保険制度は，お金以外に，医療機関，医師，看護師，薬，薬局，薬剤

師，製薬会社，病気の研究などさまざまなことが絡みますが，年金は，お金の移動だけです。要は，お金を集めて，分配するだけなのです。したがって，年金問題は基本的に単純です。若干，専門的に言えば，次の，①〜⑤の事態が予想されるだけのことです。

①年金受給額の引下げ…「マクロ経済スライド」で実行中。

②保険料引上げ…すでに実行。さらなる引上げは法改正が必要，大騒動必至。

③保険料納付期間の延長…ぼちぼち話がでています。

④支給開始年齢引上げ…すでに65歳へ引き上げました。さらに，強制的な引き上げではなく，高齢者の選択による「繰下げ受給」の上限年齢が，「70歳まで」から「75歳まで」へ改正されました。

⑤次元の違う対策ですが，日本経済が再び「高成長」に…。未知数です。

実は，令和1年（2019年）の財政検証にも，「オプション」として似たことが書いてありました。それを踏まえて，前述と重複する内容もありますが，整理してみます。

1）保険料払込期間の延長など

①国民年金の払込は，原則20歳から60歳までですが，65歳になるかもしれません。40年間から45年間に延長ということです。どうなりますか。

②厚生年金の保険料支払い期間は原則70歳までですが，75歳になるかもしれません。

③老齢年金の支給開始年齢は，60歳から65歳になりました。さらに，支給開始年齢を遅らせる案がありましたが見送られました。しかし，「繰下げ受給」の上限年齢が，令和4年（2022年）3月までは70歳まででしたが，4月から75歳までとなりました。つまり，半ば実現しました。

④「在職老齢年金」の見直し・撤廃。厚労省は，財政検証に基づいて，「年金＋給与」の月額〇〇万円の壁を「62万円」にアップする検討をしましたが，結局，「48万円」になりました。今後，どうなりますか。

2）厚生年金の対象者を増やす

現役世代人口の増加は，各種対策を講じても不確実です。でも，年金加入者の増加ならば，ある程度は可能です。

厚生年金・健康保険の適用者拡大が，現在進行中です。

図表6-3　厚生年金・健康保険の適用拡大

適用期日／対象	平成28年（2016年）10月〜令和4年9月末日	令和4年（2022年）10月〜	令和6年（2024年）10月〜
特定適用事業所	被保険者の総数が常時500人超	被保険者の総数が常時100人超	被保険者の総数が常時50人超
短時間労働者	1週の所定労働時間が20時間以上	変更なし	変更なし
	月額8万8千円以上	変更なし	変更なし
	継続して1年以上使用される見込み	継続して2ヵ月を超えて使用される見込み	変更なし
	学生でないこと	変更なし	変更なし

出所：厚生労働省ホームページより作成

令和4年（2022年）10月から，社会保険（厚生年金・健康保険）の適用者が拡大されました。社会保険の適用事業所は短時間労働者（パート労働者）を社会保険被保険者にしなければならない，という条件に改正され，短時間労働者が大量に社会保険加入者になりました。

また，短期時間労働者を除いた被保険者の総数が，常時500人超の事業所から100人超に改正されました。さらに，令和6年（2024年）10月から，100人超から50人超へ改正されます。

それ以外でも改正がなされるかもしれません。例えば，短時間労働者は現在，月額8万8,000円以上となっていますが，5万8,000円以上に改正されるかもしれません。

とにかく，適用者拡大が現在進行中です。令和4年（2022年）10月から，

「106万円の壁」対策が実施されましたが，2016年からの社会保険の適用拡大の流れを説明する評論はなぜか少なかった。

　年金問題は，全国民に関わる重大問題です。でも，わかりにくく，かつ地味なテーマです。対応策も基本的にわかりにくく，地味です。しかも，不人気な施策となりがちです。となると，日本の国政では，わかりにくく，地味な議論よりも，
　①「ケシカラン」の大声を張り上げる。
　②「高成長がすべてを解決する」と言って，年金問題を放置する。
そんなことに，なりやしないか。
　いずれにしても，令和6年（2024年）の「財政検証」を，じっくり読む必要があります。

（3）　GPIFが経済恐慌の引き金か

　年金積立金管理運用独立行政法人（GPIF）に関して一言。GPIFが，厚生年金と国民年金の積立金を管理・運用をしています。その運用資産は，令和4年（2022年）12月末で191兆円もあり，世界最大の機関投資家です。巨大すぎるので，参考数字を。
　①　令和5年度（2023年度）の日本の国家予算は114兆円です。
　②　令和3年度（2021年度）の年金受給総額は56兆円です。老齢基礎年金が24.5兆円，老齢厚生年金が31.6兆円です。
　③　日銀の国内株式保有時価は50兆円あり，GPIFをやや上回っています。東証一部の時価総額は730兆円です。

　まったく，年金は巨大数字です。それで，GPIFは毎年，巨額の運用益を出しています。過去には大赤字の年もありましたが，最近は順調です。その運用益は，現在のところ，保険料のダウン，受給額のアップには活用されていません。ひたすら，積立金の巨大化に進んでいます。将来，年金財政の悪

化は必至ですから，そのときがきたら取り崩すという方針です。「年金100年安心」とは，巨大な積立金の取崩しが前提です。

図表6-6 将来の年金のイメージ

保険料収入 7割	国庫負担 2割	積立金 1割

出所：日本年金機構ホームページ

しかし，恐ろしいですね。

年金財政の悪化は必ず100％到来します。そのとき，GPIFは順次，債権・株式を売却します。ここまでは，決定していることです。世界最大の機関投資家GPIFが売却方針に転換したら，そのとき，「株価・債権の暴落」なる悪夢が現実化するのではなかろうか。恐ろしや，恐ろしや。

となると，GPIFは債権・株式を売るに売れない，ということになりやしないか。

土壇場になる前に，否，今年でも来年でも，できるだけ早い時期に，「GPIFが売却方針に転じても，かくかくしかじか，経済恐慌は発生しません」という論説を読みたいものです。

そうした論説を探してみましたが，発見できませんでした。見つかったのは，GPIFのホームページの「植田CIOに聞いてみよう」の次の文章です。

　「今，GPIFでは国内株式市場全体の約7％の株式を保有していますが，GPIFが運用している年金積立金は当面，長期に渡って積み上がっていきます。本格的な減少に転じるのは概ね50年以上先だと見込まれています。

　本格的な取り崩し局面が来た後も，巨額な資産を一気に売るのではなくて，数十年かけて少しずつ取り崩していくことになります。その際に国内外の市場動向を慎重に見極めた上で，市場にできる限り影響を与え

ないように十分留意しながら売却していきたいと思っています。

　ちなみに2020年に，GPIFでは日本株式を約3兆円売り越しています
が，この間，日本株式市場のTOPIX（東証株価指数）は約40％上昇し
ています。GPIFが売ったとしても市場に対する影響は，それほどない
と思っています。」

　GPIFの模範回答という感じですね。心配しているのは，私一人じゃなく
て，しかるべき方面から尋ねられたから，こうした模範回答をホームページ
に掲載したのでしょうね。それにしても，積立金が減少に転じるのが50年以
上先とは，いやはや驚いた。年金の所得代替率が50％を下回るのは約20年後
です。だから，50％を維持するため，売却方針に転じると予想していたので
すが，「50年以上先」とは，恐ろしく驚愕しました。

図表6-7　年金積立金の全体（2022年12月末）

	運用資産額（億円）	構成割合（4資産）
国内債券	499,196	26.07％
外国債券	470,913	24.59％
国内株式	480,046	25.07％
外国株式	464,652	24.27％
合計	1,914,807	100.00％

出所：GPIFホームページ

BREAK TIME

「130万円の壁」「106万円の壁」は，どうなるか。

　まず，「130万円の壁」について。

　夫が会社員・公務員の場合，妻の年収が130万円未満ならば，妻は夫の社会保険（年金・健康保険）の扶養に入り，社会保険料を負担しなくてもよいということになっています。年金に関していえば，「第3号被保険者」に該当します。妻の年収が130万円を超えると，妻は社会保険料を自分で負担します。単純計算すると，妻の手取り額は減少してしまいます。

図表6-4　「130万円の壁」の手取り額比較

	年収129万円 （社会保険，扶養内）	年収130万円 （社会保険，扶養外）
社会保険料	0円	約29万円
所得税・住民税	約5万円	約1万円
手取り額	約124万円	約100万円

出所：著者作成

　したがって，パート妻の立場からすれば，年収を130万円未満に抑えるのが得策です。でも，日本全体では人手不足感が強く，パート妻にもっと働いてもらいたい。とりあえず，国は，「年末繁忙期で一時的に少々だけ130万円を超えても扶養内でかまわない」という方針を決めました。

　今後も「130万円の壁」の議論は継続されますが，現時点で，「130万円の壁」は存続します。パート妻の130万円の悩みは解消されません。

　次に「106万円の壁」についてです。正確には，「8.8万円×12ヵ月＝105.6万円」の計算で「105.6万円の壁」ですが，四捨五入して「106万円の壁」と言われています。

年収130万円未満で夫の社会保険の扶養内であったパート妻も含めて，従業員100人超の企業で働く場合，「106万円の壁」を考えなければなりません。

図表6-5　「106万円の壁」の手取り額比較

	年収105万円 （社会保険，扶養内）	年収106万円 （社会保険，扶養外）
社会保険料	0円	約14万円
所得税・住民税	約2万円	約1万円
手取り額	約103万円	約91万円

出所：著者作成

　頑張って働いたのに，手取り額が減少してしまう。パート妻が労働時間を減らせば企業は困る。それが，明確になったので，国は企業に助成金を出すことになりました。計算上，年収105万円のパート妻が125万円稼げば，手取り額の減少は防げます。そのため，時間給アップ・労働時間延長を実行した企業には1人当たり最大50万円を助成することになりました。計算上では，年収106万円〜125万円のパート妻は激減します。

　「106万円の壁」が誕生したのは平成28年（2016年）ですが，助成金誕生は令和5年（2023年）10月です。

　助成金の対象はパート妻ではなく，努力する企業です。単純計算で，「125万円−105万円＝20万円」ですから，20万円の引き上げのため50万円の助成金とはどうしたことか知人に尋ねたら，「パート妻が新たに社会保険料を14万円負担するということは，企業も14万円負担することになる。」「それに，一番下を上げると，その上も上げることになる。それを上げると，さらに，その上も」と回答された。

　この助成金は非常に多くの人に影響を及ぼすと想像されます。マスコミは「A企業では，こうなる。B企業では，そうなった。」と報道してほしいものです。

2　障害年金と遺族年金
……精神障害者は大変なケースが多い

（1）　障害年金

　公的年金には，「老齢年金」「障害年金」「遺族年金」があります。本書は，「老齢年金」がテーマなので，「障害年金」「遺族年金」を省きました。しかし，やはり，基本的なことは書くべきと思いました。

　まず，障害年金について。

1）基　本
　病気や怪我で障害を持った場合，年金を受給できます。現役世代も受給できます。

　仕組みは，やはり，「2階建て」になっています。国民年金の人は，「障害基礎年金」だけ，厚生年金の人は，「障害基礎年金＋障害厚生年金」となります。

2）受給要件
　初診日の前日において，次のいずれかの要件を満たしていること（保険料納付要件）が必要です。ただし，20歳前に初診日がある場合は，保険料納付要件はありません。

①初診日のある月の前々月までの公的年金の加入期間の3分の2以上の期間について，保険料が納付または免除されていること。

②初診日において65歳未満であり，初診日のある月の前々月までの1年間に保険料の未納がないこと。

　最近の国民年金のPRには，障害年金を大々的に打ち出すものが目立ちま

す。保険料をキッチリ納めましょう，納付困難な場合は免除などの手続きを
キッチリ行いましょう。さもないと，事故で障害を負った場合，障害年金が
もらえなくなりますよ…というような内容です。

3）初診日が重要

　障害年金の場合，初診日が極めて重要です。身体障害の場合，通常，初診
日は明確です。知的障害の場合，通常，幼い頃（20歳前）から知的障害です
から，保険料納付要件はありません。

　私の経験では，精神障害者の場合，「初診日がいつなのか」があいまいな
ケースが何人もいました。本人が精神疾患と認識していないケースもあり，
重症になって初めて精神科の診察を受けたところ，初診日が不明で障害年金
を受給できない人もいました。

　例えば，心身の調子が悪いので，アルバイトをしてもすぐ止めたりしてい
る。国民年金の保険料はさほど払っていない。今思えば，10代の思春期に最
初発症したのだが，いずれの日にか治るだろうと安易に思い，ズルズル30歳
になってしまった。20年も前に発症したわけで，その頃通院していた医院へ
出向いたら，廃業していてカルテが残っていない。初診日不明で，「障害年
金をもらえない，どうしよう」というケースです。

4）請求の方法

　障害年金の請求方法は，2つあります。
　①障害認定日による請求
　　　通常の場合。障害認定日とは，初診日から1年6ヵ月を過ぎた日。ま
　　たは，1年6ヵ月以内に病状が固定した場合はその日をいいます。なお，
　　人工透析，心臓ペースメーカー，人工肛門などの場合は，それぞれ決
　　まっています。
　②事後重症による請求
　　　最初は軽く障害に該当しなかったが，その後悪化した場合。

5）年金額

①障害基礎年金

障害基礎年金は，1級と2級だけです。なお，障害の状態が年金受給の
レベル以下の場合，「障害手当金（一時金）」を受給する制度もあります。

②障害厚生年金

厚生年金の人は，障害基礎年金に加えて，障害厚生年金を受給できます。
障害厚生年金は，1級・2級・3級となっています。

なお，年金の1級・2級・3級と障害者手帳の1級・2級・3級は異な
ります。

図表6-8　障害基礎年金の年金額（令和5年（2023年）4月分から）

1級	67歳以下	993,700円＋子の加算額
	68歳以上	990,750円＋子の加算額
2級	67歳以下	795,000円＋子の加算額
	68歳以上	792,000円＋子の加算額

出所：日本年金機構ホームページより

図表6-9　障害厚生年金の年金額（令和5年（2023年）4月分から）

1級	（報酬比例の年金額）×1.25＋（配偶者の加給年金額・228,700円）
2級	（報酬比例の年金額）＋（配偶者の加給年金額・228,700円）
3級	（報酬比例の年金額） ※3級の場合の最低保証額　67歳以下…596,300円 　　　　　　　　　　　　　　68歳以上…594,500円

出所：日本年金機構ホームページより

（2）　精神障害者施策は根本的に遅れています

精神障害者で障害年金を何らかの理由で受給していない人が，他の障害者
に比べて非常に大勢いるのではないか，と推測しています。

また，市町村独自の心身障害者福祉手当の格差も著しいものがあります。
市町村によっては，精神だけは手当がない，あっても，精神だけは対象者が

1級だけで金額も非常に少ない。そんな市町村が非常に多く存在しています。

　私は，かれこれ十数年前，杉並区において，東京23区で品川区に次いで精神障害者福祉手当の実現を成功させました。私の提言に対して，当時の区長が決断したものです。しかし，それとても，対象者は1級のみ，金額もわずかで，その後若干の改善はなされましたが，身体・知的障害との格差は大きいままです。また，いくつかの区でも追随しましたが，どこの区も身体・知的障害に比べとても見劣りがするものです。

　東京23区の場合，「特別区制度—都区財政調整制度」のため，普通の市町村に比べ自治権が少なく，福祉手当も事実上，東京都の権限下にあるので，東京都に働きかけ続けたのですが，東京都は色よい返事をしないまま今日に至っています。

（3）　遺族年金

1）基　本

　遺族年金は，国民年金または厚生年金の被保険者，または被保険者であった人が亡くなったとき，その人に生計を維持されていた遺族が受給できます。
　遺族年金の仕組みも「2階建て」です。

2）遺族基礎年金の対象者・年金額

　対象者は，亡くなった人に生計を維持されていた「子のある配偶者」または「子」です。

図表6-10　遺族基礎年金の年金額（令和5年（2023年）4月分から）

子のある配偶者が受け取るとき	67歳以下…795,000円＋子の加算額 68歳以上…792,600円＋子の加算額 ※1人目および2人目の加算額　各228,700円 　3人目以降の子の加算額　各76,200円
子が受け取るとき	（795,000円＋2人目以降の子の加算額）÷（子の数） ＝1人当たりの額

出所：日本年金機構ホームページより

なお，遺族基礎年金に関連した「寡婦年金」というものがあります。

夫の要件は，第1号被保険者で納付期間が10年以上，老齢基礎年金，障害基礎年金を受け取ったことがない。

妻の要件は，夫死亡時で60歳以上，老齢基礎年金の「繰上げ」をしていないなど。

支給期間は60～65歳。年金額は，亡くなった夫が受け取るはずだった老齢基礎年金の4分の3です。

3）遺族厚生年金の対象者・年金額

対象者は，亡くなった人に生計を維持されていた「遺族」です。「遺族」の優先順位があり，一番は「妻」です。

遺族厚生年金の年金額は，亡くなった人の老齢厚生年金の報酬比例部分の4分の3です。

なお，遺族厚生年金には「中高齢寡婦加算」があり，40歳から65歳の間，596,000円（年額）を加算して受給できます。詳細は省略します。

なお，関連する余談ですが…，

50代，60代の熟年離婚が増加しています。離婚の際，「年金をどうするか」をしっかり協議の内容に入れてください。今ある財産だけにこだわって，案外，年金を忘れているようです。

滝山病院暴行事件に思うこと

　令和5年（2023年）2月，東京都八王子の滝山病院で暴行事件が発覚しました。

　ちょうど40年前の昭和53年（1983年）には，栃木県の精神病院・宇都宮病院で暴行・殺人が発覚し，非常な大騒ぎになり連日報道され国会でも審議されました。当然，患者に対する行為は改善されるだろうと思いました。しかし，甘かった。改善された精神病院もありますが，依然として，暴行・拘束・隔離を日常的に行う精神病院が多数存続していたのでした。宇都宮病院事件の後も，あちらこちらの精神病院で人権無視の酷い事件が発覚しました。滝山病院もその1つです。

　とにかく，世界の精神病院のベッドの半数は日本に存在するという異常事態が継続しています。「精神病院の闇」は暗く深いままです。

　精神障害者をとりまく状況は，日本の福祉分野で最も遅れています。根本的に変な状態にあります。でも，一般の関心，議会の関心はとても薄い感じがします。

　ともかくも，精神障害者が障害年金を受給しやすい環境を整えることが必要です。経済的に落ち着けば，症状も落ち着くケースが多々あると思います。

3 住民税非課税限度額と生活保護基準額
の逆転現象
……変だなぁ〜

（1） 変だなぁ〜

第5章の「「年金＋給与」で住民税非課税限度額の壁を突破する」で少し
触れたことですが，住民税非課税限度額は，生活保護基準額よりは「少し
上」の金額であるべきです。でも，そうなっていません。誰も指摘しないの
で，ここに取り上げておきます。

まず，生活保護の体系は，**図表6-11**のとおりです。生活保護の扶助には

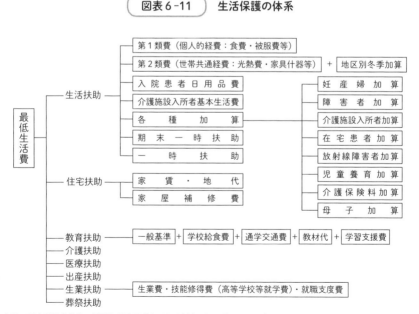

図表6-11 生活保護の体系

出所：厚生労働省社会・援護局保護課「生活保護制度の概要等について」

8種類あります。①生活扶助，②住宅扶助，③教育扶助，④介護扶助，⑤医療扶助，⑥出産扶助，⑦生業扶助，⑧葬祭扶助の8つです。

　下記のモデルの生活保護基準額を見てみましょう。

【モデル】１級地，単身者，20歳，アパート暮らし

　住民税非課税限度額（所得）は，簡単に算出できます（図表5−1のC.）。

　35万×１＋10万円＝45万円（所得）

　所得45万円が給与の場合，給与収入に換算すると，給与所得控除55万円を加えて，100万円（給与収入）となります。

　では，このモデルの生活保護基準額は，いくらでしょうか。これが，なかなか面倒な仕組みになっています。理由は，安倍内閣が生活保護費の削減を決めて，その削減の経過途中ということで，面倒な仕組みになっているのです。

---

①生活保護費の本体は，生活扶助の第１類と第２類です。従来は，それぞれ第１類の金額と第２類の金額を足し算すればよかったのですが，現在はとても面倒なことになっています。それで，面倒なことは省略して，結論は月額７万6,420円。12を掛け算して年額91万7,040円です（令和４年４月時点）。これは，あくまでも，生活扶助の第１類と第２類だけの金額です。

②次に，最低生活費認定額を算出します。

　厚生労働省社会・援護局保護課の資料『生活保護制度の概要等について』（令和３年４月27日）では，「最低生活費認定額」は，

　「Ａ：第１類と第２類」＋「Ｂ：加算額（障害者，母子，児童養

育）〕＋「Ｃ：住宅扶助費」＋「Ｄ：教育扶助費，高等学校等就学
費」＋「Ｅ：介護扶助費」＋「Ｆ：医療扶助費」
となっています。
モデルは，Ｂ,Ｄ,Ｅ,Ｆはありませんが，「Ｃ：住宅扶助費」はあり
ます。アパート家賃を月額３万5,000円と仮定して，年間42万円。
③ということは，モデルの年間の生活保護費は，
91万7,040円＋42万円＝133万7,040円
です。
④したがって，住民税非課税限度額100万円（収入ベース）を完全に
オーバーしています。

　むろん，住民税非課税者の中には，親が残した家屋に住んでいて家賃が不
要の人もいます。親が残した預貯金，あるいは自分が稼いだ預貯金をいっぱ
い持っている人もいます。そうした人も確かにいますが，大半は生活が苦し
い人々です。そして，住民税非課税限度額を少し上回る人は，住民税を支払
います。でも，非課税限度額を上回るお金を役所から給付されている生活保
護の人は無税です。考えると，なんか変だなぁ～。
　昔，石原都知事が２回目の都知事選挙に際して，生活保護基準額以下で住
民税を課税されている人は，住民税（都民税）をタダにすると公約しました。
私は，それに拍手喝采しました。当選後，数ヵ月したら，低所得層に対して，
それ以上の施策を行うということで，その公約は日の目を見ませんでした。
まあ，しかし，逆転現象になんか変だなぁ～と思っている人は，私ひとりで
はない，と思ったものでした。どこをどうすればよいのかわかりませんが，
とにかく，なんか変だなぁ～。

（2）　医療扶助が全体の50％を超えている

　年金から相当離れた話ですが…，
　『生活保護制度の概要等について』を見ていると，案外，知られていない

事実が書いてありました。生活保護費の中における医療費扶助の占める割合が50％を超えているのです。

　所得水準が高い市町村は１人当たりの医療費が少なく，逆に所得水準が低い市町村は医療費が大きくなる相関関係があります。生活保護費における医療扶助50％超も，そうしたことを現しています。低所得層が減少すれば，医療費の増加は抑えられるのではないか，楽観的かも知れませんが，そうなればいいと思います。

図表6-12　　生活保護費負担割合（令和３年度（2021年度））

医療扶助 50.2%	生活扶助 29.9%	住宅扶助 16.6%		

介護扶助　2.5%
その他の扶助　0.8%

出所：厚生労働省ホームページより

（3）　生活保護の数

　日本の総世帯数約5,700万世帯，そのうちの４分の１，すなわち約1,400万世帯が住民税非課税世帯です。この1,400万世帯の中には，生活保護世帯約160～170万世帯（実人員で約200万人）が含まれます。

　生活保護率という単語ですが，世帯でカウントする数字と実人数でカウントする数字が混在しているので注意しましょう。

　巨視的に眺めると，生活保護者数は，1960年頃までは多かった。その後，高度経済成長で減少しましたが，バブル崩壊（1991年）以後，増加に転じました。リーマンショック（2008年）後に，実人数が200万人を超え，ここ数年は高止まりの横這いです。

　地理的には西高東低です。かつては，炭坑閉山が原因で，福岡・北海道が多かったのですが，いつの頃からか，なぜか，大阪が目立って多くなりました。

生活保護者数が全国的に劇的に減少するとは，誰も思っていません。ただし，制度の抜本的改革は随分前から提言されています。でも，まともな提言は脚光を浴びません。なんとなく，景気が好くなれば，自然に減少するだろう，という雰囲気が漂っているのかもしれません。

　1つだけ喜ばしいことは，生活保護の少し上の低所得者層，すなわち住民税非課税者（世帯）が，このところ注目されるようになったことです。

図表6-13　　生活保護率（世帯と実人数）

	被保護世帯数 （1カ月平均） 保護率	被保護実人数 （1カ月平均） 保護率	備考
昭和30年 （1955年）	66万世帯 3.4%	190万人 2.1%	
平成7年 （1995年）	60万世帯 1.5%	88万人 0.7%	実人数最少
平成23年 （2011年）	150万世帯 3.2%	207万人 1.6%	実人数200万人突破
平成26年 （2014年）	160万世帯 3.2%	217万人 1.7%	実人数過去最多
平成30年 （2018年）	164万世帯 3.2%	210万人 1.7%	

出所：著者作成

BREAK TIME

生活保護について

　ときどき，「生活保護を受けるにはどうしたらよいか」という相談を受けます。私は，「可能であるならば，土壇場で，にっちもさっちもいかなくなる前，2年前でも1年前でもいいから，『このままでは預貯金が底をついてしまう。どうしましょうか』と福祉事務所に相談に行ったほうがいいですよ」とアドバイスします。

　見ず知らずの人が初めて窓口へ行って，「生活できません。生活保護のお金をください」とお願いして，簡単に「ハイ，そうですか。では，毎月〇〇万円支給します」とはなりません。あれこれ尋ねられるものです。「不親切だ」という声もありましたが，毎月〇〇万円を支給するのですから，福祉事務所の職員が慎重になるのは当然です。初対面でなく，事前に何回も相談に行っていれば，ずっとスムーズに事が運びます。

4 年金講座が必要
……登場せよ！　お笑い芸人「イヤーマネー」

（1）　なぜか，市町村の年金講座がありません

　ときどき思うのですが，市町村では住民の教養を高めるための歴史や文学などの「文化講座」は開催されるのですが，住民の最も関心が高いと思われる「年金講座」は，ほとんど開催されていません。

　なぜなのでしょうか。不思議です。

　1つには，年金は国の問題として，頬かむりしているのかな～。

　2つには，年金は難しすぎるということかな～。

　3つには，年金講座を開催しても客が集まらない，という先入観があるのではないか。お笑いタレントの講演には人が集まるが，大学教授の地方自治講演には人が集まらない，という感じかな～。

　とにかく，市町村が「年金講座」を開催しても，客が来ない，という先入観が強いのだろうと推測します。

　でも，客が来なくても「年金講座」を開催すべきです。開催していれば，講師は工夫をこらしてお笑いタレントのように，面白おかしく，複雑な年金を説明できるようになるかもしれません。

　余談ですが，鎌倉時代，仏教はなぜ一般大衆へ普及したのでしょうか。法然，親鸞，一遍，栄西，道元，日蓮などの名僧が登場したことも要因でしょう。でも，私は次のように思います。

　教学的には低レベルですが，庶民の心に響く芸能的説教技術が続々と生み出されていたという事実が土台にあったように思うのです。念仏聖，歩き巫

女，熊野比丘尼，勧進聖，御師（おし），神人（じんにん），陰陽師，説教僧，説教聖，修験者，盲僧，瞽女（ごぜ），絵解法師，琵琶法師，安居院（あぐい），猿楽…など下級宗教家（芸能人）が諸国を周って面白おかしく感動的に，仏教の教えについてお話をしていたのでした。それが，鎌倉仏教の隆盛に寄与したと推察します。

難しい年金も，そうしたことがないと，なかなか理解されないのではないか…。

（2）　お笑い芸人「イヤーマネー」の登場を

マスコミも年金の報道をしています。また，主に社会保険労務士の人がHPなどで年金情報を発信しています。でも，現状は，「難しくて，よくわかりません」という国民が圧倒的多数だと思います。

どうするか？

第1歩は，市町村が年に数回，「年金講座」を開催することです。

そうなれば，必ず，わかりやすく面白く年金を解説する講師が生まれてくると思います。そうした講師は，ひっぱりだこになります。

お笑い芸人で「イヤーマネー」なんてのが登場して，年金を面白おかしく話すようにならないかなぁ～。なお，英語で年金は「pension」（ペンション）です。フランス語では，ペンションは，食事つきの小ホテルです。日本年金機構の英語は，Japan Pension Service です。芸能界の知識ゼロなので，「イヤーマネー」なるお笑い芸人がいたら，ごめんなさい。

厚生労働省もマンガ『いっしょに検証！公的年金』をHPにのせて頑張っています。マンガでもお笑い芸人でも，なんでもいいから，年金の知識普及に努めないと，大変なことになってしまいます。

「年金は難しくてわからない」。それは「わからない＝不安・不信」に連動します。そして，不安・不信に便乗して，年金知識が乏しい扇動者（アジテーター）の「年金はケシカラン」のキャンキャン叫び声だけが注目されてしまいます。そうなると，まともな議論が成立せず，とても困ったことになります。

　そんな心配をしています。

著者紹介

太田　哲二（おおた　てつじ）

1948年　名古屋市生まれ
1973年　中央大学大学院修士課程法学研究科修了
前杉並区議会議員，「お金と福祉の勉強会」代表
著書に『「世帯分離」で家計を守る［改訂版］』『そうか！こうすれば借金・抵当権は消滅するのか。［改訂版］』（以上，中央経済社），『韓国偉人伝』（明石書店），『住民税非課税制度活用術』（緑風出版）など。

やっとわかった！「年金＋給与」の賢いもらい方

2023年12月30日　第1版第1刷発行
2024年7月1日　第1版第2刷発行

著　者　太　田　哲　二
発行者　山　本　継
発行所　㈱中央経済社
発売元　㈱中央経済グループ
　　　　パブリッシング

〒101-0051　東京都千代田区神田神保町1-35
電話　03 (3293) 3371 (編集代表)
　　　03 (3293) 3381 (営業代表)
https://www.chuokeizai.co.jp
印刷／三英グラフィック・アーツ㈱
製本／侑井上製本所

© 2023
Printed in Japan